O sentido da vida

FUNDAÇÃO EDITORA DA UNESP

Presidente do Conselho Curador
Mário Sérgio Vasconcelos

Diretor-Presidente
Jézio Hernani Bomfim Gutierre

Superintendente Administrativo e Financeiro
William de Souza Agostinho

Conselho Editorial Acadêmico
Danilo Rothberg
Luis Fernando Ayerbe
Marcelo Takeshi Yamashita
Maria Cristina Pereira Lima
Milton Terumitsu Sogabe
Newton La Scala Júnior
Pedro Angelo Pagni
Renata Junqueira de Souza
Sandra Aparecida Ferreira
Valéria dos Santos Guimarães

Editores-Adjuntos
Anderson Nobara
Leandro Rodrigues

Terry Eagleton

O sentido da vida
Uma brevíssima introdução

Tradução
Pedro Paulo Pimenta

© 2007 Terry Eagleton
© 2020 Editora Unesp

The Meaning of Life – A Very Short Introduction is originally published in English in 2007. This translation is published by arrangement with Oxford University Press. Editora Unesp is solely responsible for this translation from the original work and Oxford University Press shall have not liability for any errors, omissions or inaccuracies or ambiguities in such translation or for any losses caused by reliance thereon.

The Meaning of Life – A Very Short Introduction foi originalmente publicada em inglês em 2007. Esta tradução é publicada por acordo com a Oxford University Press. A Editora Unesp é o único responsável por esta tradução da obra original e a Oxford University Press não terá nenhuma responsabilidade por quaisquer erros, omissões, imprecisões ou ambiguidades em tal tradução ou por quaisquer perdas causadas pela confiança nisso.

Direitos de publicação reservados à:
Fundação Editora da Unesp (FEU)
Praça da Sé, 108
01001-900 – São Paulo – SP
Tel.: (0xx11) 3242-7171
Fax: (0xx11) 3242-7172
www.editoraunesp.com.br
www.livrariaunesp.com.br
atendimento.editora@unesp.br

Dados Internacionais de Catalogação na Publicação (CIP) de acordo com ISBD
Elaborado por Vagner Rodolfo da Silva - CRB-8/9410

E11s

Eagleton, Terry
    O sentido da vida: uma brevíssima introdução / Terry Eagleton; traduzido por Pedro Paulo Pimenta. – São Paulo: Editora Unesp, 2021.

    Tradução de: The Meaning of Life: A Very Short Introduction
    Inclui bibliografia e índice.
    ISBN: 978-65-5711-015-7

    1. Filosofia. 2. Vida. I. Pimenta, Pedro Paulo. II. Título.

2021-170   CDD: 100
                                                            CDU: 1

Editora afiliada:

Asociación de Editoriales Universitarias   Associação Brasileira de
de América Latina y el Caribe   Editoras Universitárias

*Para Oliver, que achou a ideia
profundamente embaraçosa*

Sumário

9 . Lista de ilustrações

11 . Prefácio

13 . Capítulo 1 – Perguntas e respostas

51 . Capítulo 2 – O problema do sentido

79 . Capítulo 3 – O eclipse do sentido

105 . Capítulo 4 – A vida é o que fazemos dela?

133 . Leituras adicionais

141 . Índice remissivo

LISTA DE ILUSTRAÇÕES

1. Wittgenstein © Hulton Archive/Getty Images . . 18
2. A "New Age" gathering © Matt Cardy/Alamy . . . 40
3. Jerry Falwell © Wally McNamee/Corbis 42
4. A Sports Fan © Rex Features 43
5. Monty Python © Photol2.com/Collection Cinéma 48
6. Macbeth © Hulton Archive/Getty Images 59
7. Schopenhauer © Hulton Archive/Getty 71
8. Waiting for Godot © Robbie Jack/Corbis 84
9. Aristotle © Bettmann/Corbis 110
10. Monty Python's Grim Reaper © Photo12.com/
    Collection Cinéma 121
11. Death © Mark Power/Magnum Photos 122
12. The Buena Vista Social Club © Road Movie Pro-
    ductions/The Kobal Collection 130

Prefácio

Qualquer um que se arrisque a escrever um livro com o título *O sentido da vida* deve se preparar para receber uma enxurrada de protestos, em cartas de caligrafia descuidada com intricados diagramas simbólicos. O sentido da vida é um assunto típico de gente perturbada ou de verve cômica, e espero estar mais para as últimas do que para as primeiras. Tentarei abordar esse tópico tão elevado da maneira mais leve e mais lúcida possível, sem deixar de levá-lo a sério. É preciso reconhecer que ele tem algo de absurdamente exagerado, em contraste com os pequenos objetos de que acadêmicos como eu costumam se ocupar. Há alguns anos, quando eu estudava em Cambridge, chamou-me a atenção pelo título uma tese de doutorado chamada *Aspectos do sistema vaginal da pulga*. Não era, pode-se supor, o trabalho mais adequado para pessoas com visão deficiente; mas se revelava um objeto de modéstia cativante, com o qual, receio, eu nada aprendi. Mas ao menos posso garantir ao leitor que o livro que ele tem em mãos é um dos poucos sobre o sentido da vida do qual não consta a anedota de Bertrand Russel e do taxista.*

Agradeço a Joseph Dunne, que leu o manuscrito e fez críticas e sugestões preciosas.

---

* Como a referida anedota não necessariamente é de conhecimento geral, vale a pena inseri-la aqui, desmentindo, portanto, o que Eagleton acaba de dizer. Reza a lenda que o poeta inglês T. S. Eliot teria sido reconhecido por um motorista de táxi numa corrida em Londres. Surpreso, o poeta perguntou como o conhecia, ao que ele respondeu: "Tenho bom olho para celebridades", emendando algo assim: "Outro dia fiz uma corrida para Bertrand Russell, e lhe indaguei qual o sentido de tudo; mas ele não teve resposta". A anedota é contada por Julian Baggini no livro *What's it all About? Philosophy and the Meaning of Life* (1999), um dos alvos de Eagleton neste ensaio. (N. T.)

Capítulo I
Perguntas e respostas

Os filósofos têm o hábito irritante de analisar perguntas em vez de respondê-las, e é por aí que eu quero começar.[1] A questão "Qual o sentido da vida?" seria mesmo genuína? Ou apenas parece sê-lo? Admitiria uma resposta? Ou não seria antes uma pseudoquestão, a exemplo da célebre pergunta certa vez inserida no exame admissional de Oxford: "Esta é uma boa pergunta?"?

A questão "Qual o sentido da vida?" parece, à primeira vista, do mesmo estilo de outras como "Qual a capital da Albânia?" ou "Qual a cor do marfim?". Mas seria mesmo? Ou ela estaria mais próxima de algo como "Qual o sabor da geometria?".

Há uma boa razão para que alguns pensadores considerem essa pergunta como inócua e carente de sentido. Pois ela é um bom exemplo de como o sentido pode ser uma questão de linguagem e não de objetos. Refere-se ao modo como falamos sobre as coisas, não a algo que pertença a elas, como textura,

---

1 Talvez eu deva lembrar ao leitor que não sou filósofo, como, de resto, não deixarão de assinalar alguns de meus críticos.

peso ou cor. Um repolho ou uma cardiografia são coisas que têm em si mesmas um significado, adquirem-no ao serem inseridas em nossa conversação. Segundo essa teoria, podemos dar um sentido à vida falando sobre ela, mas ela não tem, em si mesma, nenhum sentido, não mais do que uma nuvem. Não teria sentido, por exemplo, dizer que uma nuvem é verdadeira ou falsa, pois verdade e falsidade são funções de proposições humanas sobre nuvens. Esse argumento tem seus problemas, como, de resto, é o caso da maioria dos argumentos filosóficos. Mais à frente, vamos nos deter em alguns deles.

Examinemos por ora, brevemente, uma questão ainda mais portentosa do que "Qual o sentido da vida?". Talvez a pergunta mais fundamental que poderia ser feita é "Por que existe algo e não o nada?". Por que existe algo a respeito do qual podemos perguntar "O que isso significa?". Os filósofos não chegam a um consenso se é ou não uma questão. Já os teólogos tendem a concordar que "Deus" é a resposta a ela. Se eles dizem que Deus é o "Criador" do universo, não é porque seja um megaempresário, mas porque é a razão da existência de algo e não do nada. Deus é, como se costuma dizer, o fundamento do ser. E isso seria verdadeiro, mesmo que o universo não tenha sido criado e algo tenha existido desde a eternidade.

Uma maneira de traduzir "Por que existe algo e não o nada?" seria "O que explica o cosmo?". Pergunta que, por sua vez, poderia ser tomada como uma questão causal: "De onde vem tudo isso?". Mas não é bem por aí. Se tentássemos responder a ela discorrendo sobre como o universo veio a existir,

O SENTIDO DA VIDA

as mesmas causas que o engendraram seriam parte de "tudo isso" que ele é, e voltaríamos ao ponto de partida. A única causa capaz de evitar esse círculo vicioso é uma que não seja parte de "tudo", que transcenda o universo; como, supõe-se, é o caso de Deus. Portanto, não se trata de saber como o mundo se tornou o que é; e, tampouco, ao menos para os teólogos, de saber para que *serve* o mundo, pois, em sua opinião, o mundo não tem serventia. Deus não é um engenheiro celeste que criou o mundo com um objetivo estratégico qualquer: é um artista, que o criou para seu próprio deleite e também para o deleite de sua Criação. Entende-se agora por que, na opinião de alguns, Deus tem um senso de humor bastante peculiar.

"Por que existe algo e não o nada?" é uma frase que exprime um espanto em relação à existência do mundo, pois é perfeitamente possível que nada existisse. Talvez seja isso que Ludwig Wittgenstein tem em mente quando observa "que místico não é modo de existência do mundo, mas sua *própria* existência".[2] É outra versão do que Heidegger chamou de *Seinsfrage*, a questão do Ser. "O que explica o Ser?" é tudo o que interessa a Heidegger. E não lhe interessa tanto a origem de entidades particulares, mas o fato desconcertante de que algo como elas possa existir. E, mais, que elas se deem à nossa compreensão, quando é óbvio que poderia não ser o caso.

Para muitos filósofos, porém, sobretudo os da tradição anglo-saxônica contemporânea, uma questão como essa é o

---

2 Wittgenstein, *Tractatus Logico-Philosophicus*, 6.44.

{15}

exemplo consumado de *pseudoquestão*. Entendem que seria não apenas difícil, mas impossível responder a ela, pois não está claro que ela admita uma resposta. Desconfiam que seria um jeito empolado, bem alemão, de dizer simplesmente algo como "Uau!". Pode ser válida para um poeta ou místico, mas não para um filósofo. No mundo de língua inglesa, as trincheiras em que essa facção se protege são vigiadas com zelo.

Wittgenstein se mostrou atento, dessa vez nas *Investigações filosóficas*, à diferença entre questões verdadeiras e questões falsas. Uma expressão linguística pode ter a forma gramatical de uma questão sem que seja, de fato, uma questão. A gramática pode nos levar ainda a tomar uma espécie de proposição por uma proposição de outra espécie. Uma questão como "O que é isso, camaradas! Derrotado o inimigo, não celebraremos a vitória?" clama por uma resposta, mas é uma questão retórica, à qual, provavelmente, é melhor não responder na negativa. E, se formulada na negativa, é para receber um verniz dramático. Locuções como "E daí?", "Por que você não cai fora?", "Está olhando o quê?" parecem ser questões, mas na verdade não são. Uma questão como "Qual a localização da alma no corpo?" pode parecer razoável, mas apenas porque soa como uma questão do tipo "Onde ficam os rins?". Já uma questão bizarra, como "Onde você inveja minhas palavras?", seria formulada a partir de uma questão como "Onde fica a extremidade do meu braço?".

Wittgenstein acreditava que muitos enigmas filosóficos são devidos a abusos de linguagem. Tome-se como exemplo a

O SENTIDO DA VIDA

declaração "eu sinto dor", similar a "eu tenho um chapéu". Essa similaridade poderia nos levar a crer que a dor, ou as experiências em geral, são coisas que temos, assim como temos um chapéu. Mas soa estranho dizer "tome, esta é minha dor", e, embora faça sentido dizer "este chapéu é o seu ou é o meu?", seria inusitado perguntar "esta dor é sua ou é minha?". A não ser, é claro, que muitas pessoas se encontrem reunidas numa mesma sala e uma dor flutue entre elas; então, à medida que uma delas sinta dor, as outras poderiam dizer: "Olhe aí, agora é *ele* que está com a dor!".

Isso parece besteira, mas trivialidades como essas têm implicações de monta. Por levá-las a sério, Wittgenstein consegue diferenciar a gramática da expressão "eu tenho um chapéu" daquela da expressão "eu sinto uma dor", de tal maneira a lançar luz sobre o uso de pronomes como "eu", "ela" ou "ele", e também a solapar a antiga suposição de que minhas experiências são como uma propriedade privada; e parecem ainda mais privadas que meu chapéu, pois eu poderia dá-lo a alguém, o que não poderia fazer com minha dor, por exemplo. Wittgenstein mostra que a gramática nos ludibria, levando-nos a pensar que essas coisas seriam equivalentes. É uma constatação que tem consequências radicais; e inclusive politicamente radicais, se quisermos.

Para Wittgenstein, a principal tarefa do filósofo não é resolver essas questões, mas suprimi-las, *dissolvê-las*, mostrando como elas surgem junto a outras, numa espécie de "jogo de linguagem". A estrutura da linguagem exerce um encanto sobre

{17}

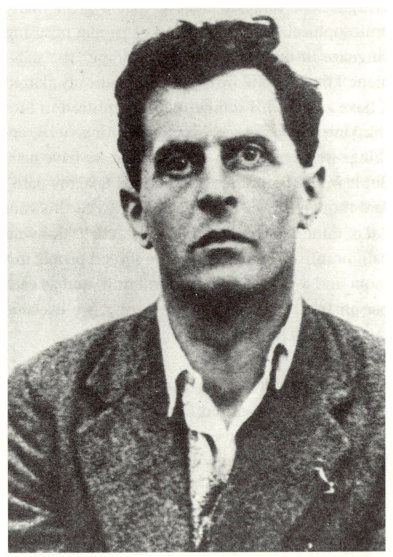

Figura 1. Ludwig Wittgenstein, geralmente considerado o maior filósofo do século XX.

O SENTIDO DA VIDA

nós, e a tarefa do filósofo é nos desmistificar, desembaraçando os diferentes usos das palavras. Por ser dotada de certo grau de uniformidade, a linguagem tende a emitir declarações que parecem idênticas umas às outras. Wittgenstein brincou com essa ideia, inserindo, na epígrafe às *Investigações filosóficas*, uma citação do *Rei Lear* de Shakespeare: "Vou ensinar-lhes diferenças". Wittgenstein não foi o único a nutrir essa opinião. Um dos grandes filósofos do século XIX, Friedrich Nietzsche, antecipou-a, ao se perguntar se a gramática é o que nos impede de nos livrarmos de Deus. Nossa gramática permite que formemos nomes que representam entidades distintas, abrindo assim a possibilidade de haver uma espécie de Nome dos nomes, uma megaentidade, conhecida como Deus, sem a qual desapareceriam todas as pequenas entidades à nossa volta. Mas Nietzsche não acreditava em megaentidades, tampouco em entidades corriqueiras. A própria ideia de que haveria objetos distintos como Deus ou framboesas lhe parece efeito da reificação promovida pela linguagem. O mesmo vale para o eu individual, que ele tem na conta de uma ficção conveniente. Quem sabe não haveria uma gramática humana em que essa operação de reificação fosse impossível? Talvez uma língua do futuro, falada por um *Übermensch* ou Meta-homem que tenha superado nomes e entidades discretas, e, portanto, também Deus, e outras ilusões metafísicas semelhantes. O filósofo Jacques Derrida, que deve muito a Nietzsche, é mais pessimista do que ele: acredita, como Wittgenstein, que tais ilusões metafísicas são indissociáveis da estrutura da linguagem, e não podem ser erradicadas. Tudo o que o filósofo pode fazer é travar uma guerra incessante contra elas – batalha que Wittgenstein vê como uma espécie de terapia linguística,[3] e à qual Derrida chama "desconstrução".*

Ora, se para Nietzsche os nomes eram reificantes, alguém poderia pensar o mesmo da palavra *vida* no título na questão "Qual o sentido da vida?". Voltaremos ao ponto. E também poderia pensar que essa questão está calcada em outra de um tipo inteiramente diferente, o que explica por que ela não funciona. Dizemos, por exemplo, "O preço disto é um dólar; o desta outra coisa, também; quanto elas valem juntas?". Ocorre-nos então que poderíamos dizer: "Este período da vida tem sentido, este outro também, e assim por diante; qual o sentido geral?". Mas, do fato de que as partes têm sentido não se segue que sua soma tenha um sentido maior do que o delas; assim, como da soma de muitas coisas pequenas rosas não se segue uma grande coisa rosa só porque todas têm a mesma cor.

Nada disso, por certo, nos aproxima minimamente do sentido da vida. Mas vale a pena examinar a questão, pois sua natureza é importante para que se determine o que poderia ser uma resposta a ela. Na verdade, difíceis mesmo são as questões, não as respostas. Sabe-se que tipo de resposta as questões tolas costumam receber. Formular uma questão certeira pode

---

3 Para uma discussão detalhada, ver meu ensaio "Wittgenstein's Friends", em *Against the Grain*.

* Expressão cunhada pelo filósofo francês e que se tornou corrente na linguagem cotidiana. (N. T.)

O sentido da vida

abrir horizontes novos ao conhecimento, com outras questões vitais em seu ensejo. Filósofos de propensão dita hermenêutica veem a realidade como tudo o que oferece resposta a uma questão. Mas a realidade, como um criminoso experiente, só responde quando é interrogada, e o faz de acordo com os questionamentos que lhe são feitos. Karl Marx disse uma vez, de maneira algo elíptica, que os seres humanos só formulam problemas que eles mesmos são capazes de responder, querendo dizer com isso, talvez, que, se temos o aparato conceitual para formular a questão, então temos, a princípio, os meios para respondê-la.

Isso ocorre porque as questões não surgem num vácuo. E, se não trazem respostas amarradas a elas, como se fossem caudas, sugerem o tipo de resposta mais pertinente, e apontam para diferentes direções, indicando uma solução. Não seria difícil escrever a história do conhecimento em termos do tipo de questão que os homens e as mulheres julgaram possível ou necessário formular. Nem toda questão pode ser feita em todos os tempos. Rembrandt não poderia se perguntar se a fotografia tornou redundante a pintura realista.

Isso não quer dizer que todas as questões tenham respostas. Tendemos a pressupor que, se há problema, deve haver solução, assim como temos o estranho hábito de imaginar que coisas fragmentadas poderiam ser reunidas. Mas há muitos problemas para os quais provavelmente jamais encontraremos soluções, e há muitas questões que permanecerão sem resposta. Não há registro de quantos fios de cabelo Napoleão tinha na cabeça quando morreu. Sem mencionar que o cérebro humano talvez não esteja à altura de certas questões como "Quais as origens da inteligência?", provavelmente porque não temos necessidade evolutiva de sabê-lo, embora tampouco seja necessário, do ponto de vista evolutivo, que entendamos *Finnegans Wake* ou as leis da física. Existem ainda outras questões para as quais não temos resposta, simplesmente porque não há como respondê-las, tais como: quantos filhos tinha Lady Macbeth?, ou: Sherlock Holmes tinha uma pinta na parte interna da coxa? São indagações que não podemos responder nem afirmativa nem positivamente.

É possível, portanto, que a questão do sentido da vida tenha uma resposta, mas jamais venhamos a saber qual é. Se for assim, encontramo-nos numa situação similar à do narrador da história "O desenho no tapete", de Henry James, que ouve de um célebre autor, o qual ele muito admira, que há um desenho escondido em sua obra, implícito em cada imagem, em cada giro de frase.* Mas o autor morre antes que o narrador, intrigado e curiosíssimo, descubra qual é. Talvez o autor o estivesse enganando; ou talvez pensasse que esse desenho existia, embora de fato não existisse; ou talvez, ainda, o narrador veja o desenho o tempo todo, mas não perceba que o vê; talvez, por fim, um desenho qualquer que ele projete na obra lhe sirva como ideia de suporte da obra.

---

* James, O desenho no tapete, in: *A morte do leão*: Histórias de artistas e escritores. (N. T.)

O SENTIDO DA VIDA

Quem garante que não saber o sentido da vida não é parte do sentido da vida, um pouco como, para falar uma frase, eu tenha de ignorar quantas sílabas a compõem? Se a vida segue, talvez seja devido à nossa ignorância de seu sentido fundamental, como é o caso do capitalismo para Marx. O filósofo Arthur Schopenhauer pensava de maneira similar; e o mesmo pode ser dito de Sigmund Freud. Para o jovem Nietzsche, de *O nascimento da tragédia*, o verdadeiro sentido da vida é terrível demais para que possamos aceitá-lo, o que explica as ilusões das quais necessitamos para continuar vivendo. O que chamamos de "vida" é apenas uma ficção necessária; sem uma boa dose de fantasia, a realidade seria impalatável.

Também há problemas morais sem solução. Pois, como existem diferentes espécies de bem moral, como coragem, compaixão, justiça e assim por diante, e como tais valores são por vezes incompatíveis entre si, eles podem muito bem entrar em conflito. Ou, na desoladora expressão do sociólogo Max Weber, "as posturas em relação à vida são, em última instância, inconciliáveis, o que explica por que o conflito entre elas é insolúvel".[4] Isaiah Berlin diz algo similar quando afirma que "o mundo com que nos deparamos em nossa experiência ordinária nos oferece escolhas absolutas, e a opção por uma delas implica, inevitavelmente, o sacrifício das outras".[5] Encontra--se aí o que poderíamos chamar de veia trágica do liberalismo,

---

4 Weber, *Ensaios de sociologia*, p.152.
5 Berlin, *Four Essays on Liberty*, p.168.

que, contrariamente ao culto superficial das escolhas e opções, vigente nos dias atuais, reconhece abertamente o devastador custo do comprometimento com a liberdade e a diversidade. É nítido o contraste dessa visão liberal com outra, mais otimista, que vê a pluralidade como intrinsecamente benéfica e o conflito entre valores morais como revigorante. Mas não faltam situações de que só poderíamos sair com as mãos sujas. Toda lei moral, se pressionada, mostra rachaduras. O escritor Thomas Hardy sabia que é muito fácil adotar posições morais que, malgrado as intenções, trazem sérios danos para os outros.[6] Não há resposta satisfatória para a questão de saber qual de seus filhos você sacrificaria se um soldado nazista lhe ordenasse que escolhesse um para ser morto.[*]

Algo similar ocorre na vida política. Não há dúvida de que a única solução definitiva para o problema do terrorismo é a justiça política. O terrorismo, por mais atroz que seja, não é, nesse sentido, irracional. Há situações, como a da Irlanda do Norte, nas quais aqueles que recorrem ao terror para promover seus objetivos políticos terminam por reconhecer que sua demanda por justiça e igualdade foi ao menos em parte satisfeita, portanto concluem que o uso do terror se tornou contraproducente e decidem renunciar a ele. Já no caso do terrorismo fundamentalista

---

6 Para uma discussão dos dilemas morais, ver Hursthouse, *On Virtue Ethics*, cap.3.

* Referência ao livro *A escolha de Sofia*, do romancista norte-americano William Styron, adaptado para as telas por Alan J. Pakula (1982). (N. T.)

islâmico, há aqueles que afirmam que, mesmo que as demandas dos árabes para o Oriente Médio fossem satisfeitas, com uma solução justa para o conflito Palestina-Israel etc., o massacre de civis inocentes continuaria.

Pode ser que sim. Mas, com isso, apenas se reconhece que o problema chegou a um ponto em que não admite uma solução viável. Não se trata de um juízo derrotista, mas, quem sabe, realista. Forças destrutivas oriundas de causas remediáveis podem adquirir uma lógica letal própria que se mostre indestrutível. Pode ser tarde demais para conter o avanço do terrorismo. Nesse caso, não haveria solução para o problema; mas reconhecê-lo publicamente seria algo impossível para a maioria dos políticos e para boa parte do público, em especial o norte-americano, com seu eterno otimismo ingênuo. Qual o motivo de imaginar que, se há um problema, haveria uma solução?

Um dos mais poderosos questionamentos sobre o sentido da vida, e que não admite resposta otimista, é conhecido pelo nome de tragédia. De todas as formas artísticas, a tragédia é a que enfrenta a questão do sentido da vida de maneira mais firme e profunda, preparando-se para receber as mais terríveis respostas. Em seus melhores momentos, a tragédia é uma reflexão corajosa sobre a natureza fundamental da existência. Suas origens, como se sabe, estão na Grécia antiga, uma cultura em que a vida é frágil, perigosa e terrivelmente vulnerável. Para os trágicos antigos, a frágil luz da razão penetra o mundo parcialmente; ocorrências passadas se impõem desde o nascimento a aspirações presentes, estrangulando-as;

homens e mulheres se veem à mercê de forças brutais e vingativas que ameaçam esmagá-los. A única chance de sobrevivência é manter a cabeça baixa à medida que se caminha precariamente pelo campo minado da existência humana, rendendo homenagem a deuses cruéis e caprichosos, não raro indignos de respeito humano (que dizer de veneração religiosa!). Quanto às forças humanas que poderiam nos ajudar a encontrar um pé nesse terreno instável, elas estão sempre à beira do colapso, voltando-se contra cada um de nós e nos oprimindo. Em condições como essas, o coro do *Édipo rei*, de Sófocles, emite seu sombrio juízo definitivo: "Não contai um homem como feliz até que ele esteja morto, e livre, por fim, de toda dor!".

Pode ser uma resposta ao problema da existência humana; mas não é bem uma solução. Na tragédia, é comum não haver resposta à questão de por que vidas individuais são mutiladas e esmagadas, e a injustiça e a opressão reinam nas coisas humanas. A única resposta oferecida vem da profundidade e da habilidade com que as questões são apresentadas. Em sua forma mais potente, a tragédia é nada menos do que uma questão sem resposta, que deliberadamente nos priva de toda consolação. Se demonstra, a cada passo, que a existência humana não poderia continuar assim, desafia-nos a encontrar uma solução para sua angústia que seja algo mais do que otimismo infundado, reformismo parcial, humanismo sentimental ou uma panaceia idealista. Em seu retrato de um mundo com urgente necessidade de redenção, ela sugere, ao mesmo tempo,

O SENTIDO DA VIDA

que a própria ideia de redenção pode nos distrair de um terror que ameaça nos paralisar.[7]

Heidegger argumenta, em *Ser e tempo*, que os humanos se distinguem de outros seres pela capacidade de questionar sua própria existência. São criaturas para as quais a existência como tal, não neste ou naquele aspecto, é problemática. Um javali, por exemplo, pode se encontrar em situações problemáticas; mas, segundo essa teoria, os humanos são animais peculiares que veem sua própria situação como uma questão, uma fonte de ansiedade, uma razão de esperança ou de pesar, uma bênção, uma maldição, um absurdo. E isso porque, entre outras coisas, eles estão cientes – ao contrário dos javalis, supõe-se – de que sua existência é finita. Os seres humanos são provavelmente os únicos animais que vivem à sombra da morte.

A teoria de Heidegger tem um sabor peculiarmente moderno. Não é que Aristóteles, ou Átila, o Huno, não tivessem consciência de ser mortais, ainda que este último estivesse mais preocupado com a mortalidade alheia do que com a sua própria. Também é verdade que os seres humanos, por serem dotados de linguagem, são capazes de objetivar sua própria existência de um modo que as tartarugas, por exemplo, talvez não consigam. Falamos a torto e a direito em condição humana, mas é pouco provável que as tartarugas matutem em suas conchas sobre a condição de tartarugas. Quanto a isso,

---

7 Escrevi sobre a tragédia em *Sweet Violence: The Idea of the Tragic*.

são como os teóricos pós-modernistas, eles também alheios à ideia de condição humana. A linguagem permite nos vermos a nós mesmos e concebermos nossa situação como um todo. Nossa vida se dá nos signos, que trazem consigo a capacidade de abstração, a qual permite que nos afastemos de nós mesmos, em determinados contextos, que nos libertemos do jugo dos sentidos corpóreos e especulemos acerca da condição humana em geral. Mas, assim como o fogo, o poder de abstração é uma dádiva ambígua, a um só tempo criativa e destrutiva: se nos permite pensar em termos de comunidades, também nos permite destruí-las com armas químicas.

Essa espécie de distanciamento não implica que saiamos de nós mesmos ou observemos o mundo de um ponto de vista olímpico. Meditar sobre nossa existência no mundo é parte de nossa existência nele. Mesmo que a condição humana como tal se revele uma miragem metafísica, como insistem os pós-modernos, ela é um objeto plausível de especulação. As afirmações de Heidegger têm, portanto, alguma razão de ser. Outros animais podem querer alimentar suas proles e escapar de predadores; mas tudo indica que não se deixam perturbar por uma ansiedade ontológica ou pela sensação (eventualmente acompanhada da mais aguda ressaca) de que se é um ser desnecessário e supérfluo, ou uma "paixão inútil", como diz Jean-Paul Sartre.

Dito isso, a ideia de que o temor, a ansiedade, a náusea, o absurdo e quejandos seriam características da condição humana é muito mais comum em artistas e filósofos do século XX do que, digamos, nos do século XII. A crença de que a existência humana é *contingente*, de que ela não tem fundamento, objetivo, direção ou necessidade, e de que nossa espécie poderia muito bem nunca ter existido neste planeta, perpassa o pensamento modernista de uma ponta a outra. Essa possibilidade esvazia nossa presença de fato e lança sobre ela uma sombra de perda e morte. Mesmo nos momentos de êxtase, temos a plena consciência de que o chão que pisamos é movediço, de que não há uma fundação sólida para o que somos e fazemos. Isso pode tornar ainda mais preciosos nossos melhores momentos, mas também pode desvalorizá-los drasticamente.

Esse ponto de vista não seria respaldado pelos filósofos do século XII, para os quais a existência humana tinha um sólido fundamento, chamado Deus. Mas nem por isso julgavam que nossa presença no mundo é necessária; seria herético pensar assim. Dizer que Deus transcende sua própria Criação é afirmar, entre outras coisas, que não a criou devido a uma razão, e, se o fez, foi por amor e não por necessidade. O que inclui a nós, evidentemente: a existência humana é gratuita, uma questão de graça e dádiva, não é algo indispensável. Deus passaria muito bem sem nossa presença, e, isso é certo, teria uma vida mais tranquila. Nada impede que tenha se arrependido da decisão, como o pai de um moleque incorrigível: a primeira coisa que fizemos foi desobedecer às suas leis, e, como se isso não bastasse, perdemos a fé nele e seguimos violando seus mandamentos.

Há boas razões, portanto, para indagarmos qual o sentido da vida: faz parte de sermos quem somos. Quanto a isso, Jó é tão insistente no Antigo Testamento quanto Jean-Paul Sartre em *O ser e o nada*. Com a diferença de que, para a maioria dos antigos hebreus, a questão era irrelevante, pois a resposta era óbvia: o sentido da vida estava dado em Jeová e sua Lei, e seria praticamente impensável negar que era assim. Mesmo Jó, que considera a existência humana (ou a porção dela que lhe diz respeito) um equívoco lamentável, a ser revogado o mais rápido possível, reconhece a presença onipotente de Jeová.

A questão "Qual o sentido da vida?" teria parecido a um hebreu antigo tão excêntrica quanto a questão "Você acredita em Deus?". Em nossos dias, essa questão equivale, para a maioria das pessoas, incluindo parte das religiosas, a questões como "Você acredita em Papai Noel?", ou "Você acredita em abduções por extraterrestres?". Desse ponto de vista, há toda uma gama de seres que podem ou não existir, desde Deus até os alienígenas, passando pelo Abominável Homem das Neves e o monstro do Lago Ness. Não há evidências definitivas, e, por isso, as opiniões se dividem. Já para um antigo hebreu, a questão "Você acredita em Deus?" significava outra coisa. Pois, como a presença de Jeová era declarada pela terra e pelos céus, a questão só poderia significar "Você tem fé em Jeová?". Era uma questão prática, não um problema intelectual, versava sobre uma relação, não sobre uma opinião.

Provavelmente, portanto, e a despeito de Heidegger, os povos pré-modernos em geral, e não apenas os hebreus, se sentiam menos atordoados do que os modernos pela questão do sentido da vida. Para começar, não questionavam suas próprias crenças religiosas, e adotavam práticas sociais menos problemáticas do que as nossas. Em condições como essas, o sentido da vida consiste, em alguma medida, em fazer o que nossos ancestrais faziam e é previsto pelas convenções sociais. Religião e mitologia servem para nos instruir a respeito do que realmente importa. A ideia de que uma vida poderia ter um sentido peculiar, diferente do sentido da vida de outra pessoa, seria, provavelmente, rejeitada por completo. O sentido da vida de cada um consistia na função que ela desempenhava num todo maior. Fora desse significado, o indivíduo era como um significante vazio. O significado original da palavra indivíduo é: *indivisível* ou *inseparável de*. O Ulisses de Homero se sente mais ou menos assim; o Hamlet de Shakespeare, não.

Sentir que sua própria vida é uma função de um todo maior não impede que se tenha robusta consciência de si mesmo, pois o que está em questão é o sentido da individualidade, não sua realidade. Isso não quer dizer que povos pré-modernos não se perguntassem quem são ou o que estariam fazendo neste mundo, mas apenas que essa questão não parece tê-los perturbado tanto quanto ela perturbou Albert Camus ou o jovem T. S. Eliot; o que se explica, em boa medida, pela fé religiosa.

Se as culturas pré-modernas não se deixaram perturbar pela questão do sentido da vida tanto quanto Franz Kafka, o mesmo parece valer para as culturas pós-modernas. No clima de pragmatismo e malandragem de rua característico do capitalismo pós-moderno mais avançado, de ceticismo em relação a grandes narrativas e sínteses abrangentes, de desencanto com tudo o que é metafísico, a vida é mais uma dentre tantas totalidades que perderam o crédito. Pedem-nos que pensemos pequeno, não grande – o que é irônico, considerando que muitos dos que estão determinados a destruir a civilização ocidental fazem exatamente o contrário. No conflito entre o capitalismo ocidental e o islamismo oriental, a escassez de crença equivale ao seu excesso. O Ocidente se vê frente a frente com um massacre metafísico no momento histórico em que se encontra desarmado para enfrentá-lo em termos filosóficos. Quanto a crenças, os pós-modernos as têm, o que não significa que tenham fé.

Para pensadores como o francês Gilles Deleuze, a própria palavra *sentido* se tornou suspeita: pressupõe que uma coisa possa representar outra ou passar por ela, o que muitos tendem a considerar obsoleto. A própria ideia de interpretação é atacada: as coisas são o que são, não são signos enigmáticos de outras coisas. O que vemos é tudo o que há. Sentido e interpretação pressupõem mensagens e mecanismos recônditos e profundezas. Aos ouvidos pós-modernos, isso soa como metafísica obsoleta. O mesmo vale para o eu, que deixa de ser uma questão de dobras secretas e profundezas internas e se expõe à vista, uma rede descentrada em lugar de um espírito elusivo.

Na visão de mundo alegórica, anterior à modernidade, era diferente: as coisas não traziam seu significado em si mesmas, mas deveriam ser tomadas como signos de um "texto" subjacente ou de uma verdade latente, que costumava ser de cunho religioso ou moral. Para santo Agostinho, ater-se aos objetos enquanto tais é o sintoma de um modo de existência carnal e decaído; é preciso, ao contrário, ler as coisas em registro semiótico, como se elas apontassem, para além de si mesmas, ao texto divino do universo. Semiótica e salvação caminham juntas. Se o pensamento moderno em certo sentido rompe com esse modelo, permanece fiel a ele em outro. O significado deixa de ser uma essência espiritual por trás das coisas; mas é preciso decifrá-lo, pois o mundo não o revela de modo espontâneo. Um dos nomes dessa extraordinária empreitada é *ciência*, a tentativa de desvendar as leis e os mecanismos invisíveis que operam nas coisas. Existe aí uma profundidade; mas, uma vez sondada, o que se encontra é Natureza, e não divindade.

O pós-modernismo leva essa secularização um passo mais adiante. Enquanto houver profundeza, essência, fundamento, continuaremos na presença do Todo-Poderoso. Não teremos matado e enterrado Deus; apenas daremos a ele novos nomes, majestosos, como Natureza, Homem, Razão, História, Poder, Desejo, e assim por diante. Longe de termos desmontado o obsoleto aparato da metafísica e da teologia, teremos apenas lhe dado um novo conteúdo. E só poderemos ser livres quando tivermos abandonado, de uma vez por todas, a noção de significado recôndito, que acena para nós com a quimera do sentido último. Mas nem por isso estaremos livres para ser nós mesmos, pois já teremos desmantelado a essência metafísica da identidade pessoal. É um mistério, portanto, saber quem é liberado por esse projeto. É possível que o pós-modernismo,

com toda a sua aversão a fundamentos absolutos, reintro-
duza silenciosamente um absoluto, pela porta dos fundos. Seu
nome não é mais Deus, Razão ou História; mas se comporta
como se fosse, pois é impossível ultrapassá-lo: o absoluto dos
pós-modernos se chama Cultura.

Grandes questões sobre o sentido da vida tendem a surgir
quando papéis, crenças e convenções estabelecidas se encontram em crise. Talvez não por acaso, as mais célebres peças trá-
gicas surgiram em tais momentos. Não é que a questão não
tenha um valor permanente. Mas não me parece irrelevante
que um livro como *Ser e tempo*, de Heidegger, tenha sido escrito
num período turbulento e publicado algum tempo depois do
fim da Primeira Guerra [em 1927]. Da mesma maneira, *O ser e
o nada*, de Jean-Paul Sartre, surgiu em 1943, durante a Segunda
Guerra, enquanto o existencialismo, que enxergou o absurdo da
vida humana, floresceu nas décadas que se seguiram ao conflito.
É provável que todas as mulheres e homens ponderem acerca
do sentido da vida; mas algumas delas, por boas razões históri-
cas, o fazem com mais urgência do que outras.

É quase certo que toda investigação em larga escala acerca
do sentido da existência surge quando as coisas não vão bem.
Inquirir sobre o sentido de uma vida é outra coisa, e pode-se
argumentar que isso faz parte de uma vida que é vivida ple-
namente. Alguém que nunca tenha se perguntado a si mesmo
como vai sua própria vida ou se ela não poderia melhorar é
uma pessoa sem consciência de si; e é provável que sua vida de

O SENTIDO DA VIDA

fato não vá tão bem quanto poderia estar indo. Pois, se a vida de alguém se desenrola às mil maravilhas, uma razão provável é que a pessoa se pergunte, vez por outra, quais ajustes ou mudanças são necessários.

De qualquer modo, estar ciente de que a vida vai bem aumenta a sensação de bem-estar; e não há motivo para não acrescentar esse prazer a um estado geral de satisfação mais difusa. Ou seja, não é verdade que alguém só é feliz quando não sabe que o é. Trata-se de um ingênuo preconceito romântico, que vê na autorreflexão uma mácula fatal. Essa visão das coisas poderia ser chamada de teoria da corda bamba: quem se detém para pensar, cai no mesmo instante. Pois estar ciente de como as coisas vão é uma condição necessária para tentar mudá-las ou, que seja, para mantê-las, na medida do possível, tal como se encontram. O conhecimento é um aliado da felicidade, e não seu antagonista.

Contudo, perguntar-se sobre o sentido da existência humana como tal pode ser um indício de que o perdemos coletivamente, por mais que muitos indivíduos se sintam bem. Na Grã-Bretanha das décadas de 1870 ou 1880, algumas certezas da era vitoriana começaram a ser questionadas, e viu-se Thomas Hardy e Joseph Conrad levantarem questões que jamais teriam ocorrido a William Thackeray e Anthony Trollope, ou, antes deles, a Jane Austen. É claro que o questionamento é anterior a 1870, mas poucas vezes fora parte de uma *cultura* do questionamento. Nas primeiras décadas do século XX, uma cultura como essa, com numerosas ansiedades ontológicas, adquiriu uma forma precisa: o modernismo, que produziu coisas que se encontram entre o que há de melhor na arte literária ocidental. Com o questionamento de quase todos os valores, crenças e instituições, puderam surgir as mais ousadas questões sobre o destino da cultura ocidental e, para além dela, da humanidade como um todo. Sem dúvida, um marxista vulgar mal-intencionado* poderia sugerir uma relação entre essa agitação cultural e a depressão econômica britânica, a guerra imperialista de 1916, a revolução bolchevique, a ascensão do fascismo, o *crash* da bolsa em 1929, a emergência do stalinismo, o genocídio da Segunda Guerra, e assim por diante. Menos afeitos a tais vulgaridade, preferimos limitar nossas especulações à vida do espírito.

Uma das ramificações tardias desse veio fértil e turbulento, como já vimos, foi o existencialismo. Mas durou pouco, e na década de 1950 já estava em refluxo. Ressurgiu brevemente na contracultura da década seguinte; mas, em meados dos anos 1970, tais ambições espirituais haviam sido sufocadas por uma cultura política cada vez mais ríspida e pragmática. O pós-estruturalismo e o pós-modernismo viram em toda tentativa de reflexão sobre a vida humana um "humanismo" ingênuo, o tipo de teoria totalizante que leva diretamente aos campos da morte do Estado totalitário. Não existe humanidade ou vida humana;** tudo o que há são diferenças, culturas específicas, situações locais.

---

   * Alcunha dada ao próprio Eagleton pelo crítico canadense Northrop Frye. (N. T.)

  ** No original, "There is no such thing as the human or human life": trocadilho irônico com a famigerada frase de Margareth Thatcher, "There's no such thing as society" (1987). (N. T.)

O SENTIDO DA VIDA

Uma das razões pelas quais o século XX tanto meditou sobre o sentido da existência é que em nenhum outro período a vida humana valeu tão pouco. Foi de longe a época mais sangrenta nos anais da história, com milhões de mortes desnecessárias. E, se a vida foi tão desvalorizada na prática, surpreende vê-la questionada em teoria? Mas não é só isso. Uma característica da época moderna é que a chamada dimensão simbólica da vida humana foi empurrada para as margens. Nessa dimensão, três áreas eram particularmente importantes: a religião, a cultura e a sexualidade. As três se tornaram menos centrais para a vida pública à medida que a modernidade se desenvolveu. Em sociedades pré-modernas, elas pertenciam às esferas pública e privada. A religião não era apenas uma questão de consciência pessoal e salvação individual, dizia respeito também ao poder estatal, a rituais públicos e ideologias nacionais. Componente-chave da política internacional, moldava o destino das nações, de guerras civis a casamentos dinásticos. Sinais pouco auspiciosos sugerem que nossa época estaria revertendo para uma situação como essa, ao menos em certos aspectos.

Quanto à cultura, o artista não era tanto a figura solitária e alienada, sentada num café boêmio, quanto um funcionário público com papel determinado na tribo, clã ou corte. Quando não era pago pela Igreja, era sustentado pelo Estado ou por patronos poderosos. Artistas que recebiam lucrativas comissões para compor réquiens e missas não se sentiam tão inclinados a meditar sobre o sentido da vida. De resto, a questão estava decidida, pois tinham uma fé religiosa. Em relação à sexualidade, era, como hoje, uma questão de amor erótico e satisfação pessoal; mas estava mais atrelada a instituições de parentesco, de herança, de classe, de propriedade, de poder e status.

Não quero, com isso, idealizar os velhos tempos. Pode ser que a religião, a arte e a sexualidade fossem mais centrais para a vida pública do que hoje; mas eram, ao mesmo tempo, serviçais obedientes do poder político, e pelas mesmas razões. Quando se libertaram desse poder, passaram a ter um grau de liberdade e autonomia nunca antes visto. Mas o preço dessa liberdade foi alto. Essas atividades simbólicas continuaram a ter importantes papéis na vida pública; mas foram cada vez mais relegadas à esfera privada, onde diziam respeito a cada um e a mais ninguém.

Qual a relevância disso para o sentido da vida? Ora, tais áreas eram exatamente aquelas para as quais os homens e as mulheres se voltavam a fim de indagar sobre o sentido e o valor de sua existência. O amor, a fé religiosa, a preciosidade dos laços de parentesco e da cultura: difícil encontrar razões para viver tão fundamentais quanto essas; e muitas pessoas vêm se mostrando, ao longo dos séculos, prontas para matar ou morrer em nome delas; voltam-se para esses valores com avidez sempre que o domínio público perde o sentido. Fato e valor são dissociados: o primeiro se torna uma questão pública; o segundo, uma questão privada.

A modernidade capitalista nos brindou com um sistema econômico quase exclusivamente instrumental. É um modo de vida dedicado ao poder, ao lucro e à sobrevivência material, não

O SENTIDO DA VIDA

ao fomento de valores humanos de solidariedade. O domínio político é mais uma questão de administração e manipulação do que de construção de uma vida em comum. A própria razão foi rebaixada ao autointeresse e ao cálculo. Quanto à moralidade, também ela passou a ser uma questão de foro privado. A vida cultural se tornou mais importante em certo sentido, com uma indústria e um ramo de produção material dedicados a ela. Em outro sentido, porém, ela minguou, reduzida a ornamento de uma ordem social com cada vez menos tempo para tudo que não tenha medida ou preço. A cultura se tornou questão de como ocupar o tempo das pessoas enquanto elas não estiverem trabalhando.

Mas existe aí uma ironia. Quanto mais a cultura, a religião e a sexualidade foram forçadas a atuar como sucedâneos de um valor público que desaparece, menos aptas se mostraram a fazê-lo. Quanto maior a concentração de sentido num domínio simbólico, mais arredio ele se mostrava às pressões exercidas sobre ele. O resultado é que as três áreas da vida simbólica começaram a exibir sintomas patológicos. A sexualidade se tornou uma obsessão exótica, uma das únicas fontes de sensação que restam, num mundo desencantado. O choque sexual e a indignação ocuparam o lugar da militância política. A arte teve o valor inflacionado. Para os movimentos estetizantes, tornou-se nada menos do que um modo de vida. Para alguns modernistas, oferecia a derradeira habitação para o valor humano, numa civilização para a qual a própria arte dera as costas. Mas isso vale apenas para a forma da obra de arte; pois

Figura 2. Uma reunião "New Age" em Stonehenge.

seu conteúdo, que inevitavelmente reflete o mundo à volta, não poderia oferecer nenhuma redenção.

Entrementes, quanto mais a religião se oferecia como opção para estancar a hemorragia do sentido público, mais era levada a abraçar as formas repulsivas do fundamentalismo ou, então, a cair na armadilha da New Age. A espiritualidade se tornou com isso enrijecida ou, ao contrário, flácida. A questão do sentido da vida caiu nas mãos de gurus e massagistas espirituais, tecnólogos de satisfação em cápsulas, quiropráticos da psique. Basta adotar as técnicas corretas para ter a garantia da cura da falta de sentido, em coisa de um mês. Celebridades se voltaram para a cabala e a cientologia, atraídos pela ideia banal de que a espiritualidade tem de ser, necessariamente, uma coisa do outro mundo, algo esotérico, não prático e material. Esperavam com

O SENTIDO DA VIDA

isso, ao menos em sua mente, fugir da matéria, que para eles tem a forma de jatinhos privados e hordas de criados.

Para esse tipo de gente, o espiritual não passa da outra face do material, um domínio de mistério pré-fabricado que compensa a futilidade da vida mundana. Quanto mais aconchegante e mais distante das frias maquinações de agentes e contadores, mais significativo parece. Se a vida cotidiana carece de sentido, que ele seja fornecido artificialmente. E por que não, vez por outra, acrescentar uma pitada de astrologia ou necromancia, como se adicionam vitaminas à dieta do dia a dia? O estudo dos segredos do Egito antigo é uma alternativa à tediosa procura por uma nova mansão de cinquenta cômodos. Além do mais, como a espiritualidade se concentra na mente, ela não traz consigo os inconvenientes da ação, por exemplo se libertar do fardo de administrar várias mansões distribuindo vultosas somas de dinheiro para os sem-teto.

Essa história tem ainda um outro lado. O domínio simbólico se dissociou do domínio público, mas também foi invadido por ele. A sexualidade passou a ser vendida como uma mercadoria lucrativa, e a cultura foi reduzida, na maioria das vezes, a um bem de meios de comunicação ávidos por lucro. A arte se tornou questão de dinheiro, poder, status e capital cultural. Culturas são vendidas pela indústria do turismo em embalagens exóticas. Mesmo a religião se tornou uma lucrativa indústria, com evangelistas especializados em extrair, de seus pios e crédulos devotos, cada suado dólar que sua labuta lhes rendeu. Temos aí o pior de dois mundos. Os lugares em que

{41}

o sentido costumava ser mais abundante não são mais capazes de oferecê-lo, e foram, ao mesmo tempo, agressivamente colonizados por forças comerciais, tornando-se parte daquele extravasamento de sentido ao qual haviam até então resistido. O domínio da vida simbólica, devidamente privatizado, viu-se forçado a oferecer mais do que poderia, e o resultado é que se tornou cada vez mais difícil encontrar um sentido, mesmo na esfera privada. Divertir-se enquanto a civilização arde em chamas ou cultivar o próprio jardim enquanto a história desaba à nossa volta deixaram de ser opções viáveis.

Figura 3. O evangelista da TV norte-americana Jerry Falwell em pleno êxtase fundamentalista.

Em nossa época, um dos ramos mais influentes e mais populares da indústria da cultura é o esporte. Se quisermos saber o que dá sentido à vida de um bom número de pessoas, em especial entre os homens, uma boa resposta é: o futebol. Muitos deles talvez não admitam abertamente, mas o esporte, e na Grã-Bretanha o futebol em particular, representa as mais nobres causas – fé religiosa, soberania nacional, honra pessoal, identidade étnica –, em nome das quais, ao longo dos séculos, as pessoas não hesitaram em sacrificar a própria vida. O esporte implica lealdade e rivalidade tribal, rituais simbólicos, lendas fabulosas, heróis icônicos, batalhas épicas, beleza estética, feitos físicos, satisfação intelectual, espetáculos sublimes e um profundo sentimento de pertença. Oferece solidariedade humana e presença física, o que a televisão e a internet não proporcionam. Sem esses valores, muitas vidas seriam vazias. O esporte, e não a religião, é o verdadeiro ópio do povo. Num mundo de fundamentalismo cristão e islâmico, pode-se, inclusive, afirmar que a religião é nem tanto o ópio do povo quanto o crack das massas.

Figura 4. "A agonia e o êxtase: um torcedor".

Os swamis e sábios fajutos ocuparam os lugares dos deuses convencionais. Os filósofos profissionais parecem reduzidos a técnicos da linguagem. É certo que a ideia de que o filósofo é um guia para o sentido da vida é um equívoco. Mas, mesmo assim, seria de esperar que fossem além de tentar dissuadir as pessoas de saltar de suas janelas, explicando que a gramática de *nothing matters* é diferente da de *nothing chatters*.[8] A teologia, por sua vez, caiu em descrédito com a dessecularização e os crimes e tolices das igrejas. Uma sociologia positivista e uma psicologia behaviorista, aliadas a uma ciência política míope, vieram consagrar a traição da *intelligentsia*. Quanto mais as humanidades se adaptam às exigências da economia, mais deixam de lado a investigação das questões fundamentais; daí a proliferação de leitores de tarô, de gurus de pirâmides, de avatares de Atlantis e de terapeutas da alma. O Sentido da Vida tornou-se uma indústria lucrativa. Livros com títulos como *Metafísica para banqueiros* são avidamente devorados. Homens e mulheres desencantados com um mundo obcecado pelo dinheiro se voltaram para caçadores de verdades espirituais que ganham um monte de dinheiro com tais coisas.

Haveria outra razão para o ressurgimento da questão do sentido da vida na era moderna? Desconfio que isso se deve em parte ao problema, típico da modernidade, do excesso e da falta de sentido. A modernidade é a época em que foram

---

8 O filósofo Gilbert Ryle, de Oxford, alegava ter demovido um estudante à beira do suicídio pela explicação dessa distinção verbal.

O SENTIDO DA VIDA

contestados todos os alicerces da moral e da política, e se apresentaram numerosos rivais em disputa na arena do sentido da vida, nenhum deles capaz de nocautear os demais. Significa que toda solução para o problema haverá de parecer dúbia, em vista de tantas alternativas disponíveis. Encontramo-nos numa espécie de círculo vicioso. Quando as crenças tradicionais começaram a ruir em meio a uma crise histórica, a questão do sentido da vida veio à tona; mas, pelo fato mesmo de ser proeminente, a questão incita uma série de respostas, tão menos críveis pelo fato de serem muitas. A necessidade de apresentar a questão é um sinal de que será difícil respondê-la.

Numa situação como essa, é possível encontrar um sentido para a vida, ou ao menos uma parte considerável dela, em meio às diversas visões sobre o assunto. Pessoas que pensam assim são conhecidas como liberais,* embora algumas delas também sejam chamadas de pós-modernistas. Para elas, não importa tanto encontrar uma resposta definitiva à questão quanto o fato de haver tantas maneiras de responder a ela. Pensando bem, a liberdade aí implícita talvez seja o sentido mais precioso que alguma vez se poderia encontrar. O que alguns veem como incurável fragmentação é para outros uma liberação exultante.

Para os que ardentemente buscam pelo sentido da vida, a questão é tudo o que importa. Mas, para os liberais e os pós-modernos, o que conta é o deleite envolvido na discussão, e a

---

* Isto é, de mente aberta, não necessariamente adeptas do "liberalismo econômico". (N. T.)

{45}

isso se reduz, provavelmente, a seu ver, todo o sentido que se poderia encontrar. O sentido da vida se resume à busca pelo sentido da vida. Muitos liberais preferem questões a respostas, pois consideram que estas últimas seriam restritivas. Questões flutuam livremente, respostas não. O que interessa é ter a cabeça aberta, e não fechá-la de supetão, com uma solução definitiva. É verdade que essa postura nem sempre funciona em todos os casos, como mostram questões como: "Seria esse o meio mais apropriado para impedir assassinatos de motivação racial?", ou "Como evitar que essas pessoas morram de fome ou inanição?". Contudo, os liberais se ocupam de questões mais elevadas.

O pluralismo liberal tem, no entanto, seus limites. Pois algumas das respostas sugeridas à questão do sentido da vida não apenas estão em conflito com outras, como também as excluem. Para essa pessoa, o sentido da vida é cuidar dos vulneráveis; para outra, é atacar os doentes e indefesos. Pode ser que ambas estejam erradas; mas ambas não podem estar certas. Mesmo o liberal teria de decidir, excluindo de antemão toda solução (como a edificação de um Estado totalitário, por exemplo) que pudesse comprometer a causa da liberdade e da pluralidade. Não se deve permitir que a liberdade destrua suas próprias fundações, por mais que os radicais argumentem que é precisamente o que ela faz, todos os dias, num ambiente capitalista.

Outra limitação: se há mesmo *o* sentido da vida, então ele não pode ser diferente para cada um de nós. Eu posso dizer:

O SENTIDO DA VIDA

"O sentido *de minha* vida é beber uísque até o ponto de me arrastar pelo chão"; mas eu teria de dizer que, "em minha opinião, o sentido *da* vida é beber muito uísque", pois, do contrário, diria algo equivalente a isto: "em minha opinião, a neve é turquesa com toques de magenta". O sentido não se presta a ser definido por mim, sem mais. Se a vida tem um sentido, então ele será o mesmo para mim, para você e para todos os outros, não importa o que pensemos ou queiramos a respeito. Por que a vida teria um sentido único? Assim como podemos atribuir à vida muitos sentidos diferentes, é possível que ela tenha variados sentidos intrínsecos, se é que tem algum. Talvez operem nela muitos diferentes propósitos, alguns deles contraditórios entre si. Ou talvez a vida mude de sentido de tempos em tempos, como fazemos. Por que supor que o que é dado ou intrínseco seria estável e invariável? E se a vida tiver um propósito, mas tal que não coadune, em absoluto, com nossos projetos? Pode ser que a vida tenha um sentido, mas que a maioria das mulheres e homens que um dia existiram tenha se enganado a respeito. Supondo que toda religião seja falsa, é disso mesmo que se trata.

Mas é provável que muitos leitores deste livro desconfiem da expressão "o sentido da vida", assim como não acreditam em Papai Noel. É uma noção com ares antiquados, que se presta a uma sátira como a de Monty Python.[9] Muitas pes-

---

9 Há um filme de caráter nada pythoniano também chamado *The Meaning of Life*, a que assisti uma vez no Templo Mórmon de Salt Lake City. Infelizmente não me lembro de qual sua mensagem; o filme era breve demais, tinha apenas quatro minutos de duração.

{47}

Figura 5. Michael Palin como um pegajoso vigário anglicano no filme de Monty Python *O sentido da vida*.

soas educadas do Ocidente, ou ao menos em países que não os Estados Unidos, que permanecem sendo um país religioso, creem que a vida é um fenômeno evolucionário acidental, que tem tanto sentido quanto as oscilações da brisa ou um pigarrear na garganta. Mas o fato de que a vida não tenha um sentido fixo deixa em aberto a possibilidade de que cada um o defina como bem entender. Se nossas vidas têm um sentido, depende do que introduzimos nela, não de um dispositivo dado de antemão.

De acordo com essa teoria, somos animais autores de nós mesmos, que não precisam de uma narrativa de vida escrita pela entidade abstrata chamada Vida. Para Nietzsche ou Oscar Wilde, podemos (se quisermos) ser os supremos artistas de nós mesmos, o gesso em nossas mãos prontos para nos moldar em formas únicas e requintadas. O senso comum a

O SENTIDO DA VIDA

respeito, até onde sei, é que o sentido da vida não é pré-fabricado, mas construído; e cada um de nós pode confeccioná-lo de seu próprio jeito. Sem dúvida, há uma boa dose de verdade nessas afirmações; mas, por se tratar de uma posição algo óbvia e redundante, gostaria de questioná-la. Parte deste ensaio será dedicada a interrogar essa visão de mundo como questão de foro privado, para ver até que ponto ela se sustenta.

Capítulo 2
O problema do sentido

"Qual o sentido da vida?" é uma dessas raras questões em que cada palavra é problemática. A começar pela primeira, "qual", pois, para milhões de religiosos, o sentido da vida não é um "qual", mas um "Quem". Mesmo um nazista convicto poderia concordar com isso, ainda que à sua maneira, encontrando o sentido da vida em Hitler. Pode ser que o sentido da vida se revele a nós com o final dos tempos, sob a forma de um messias que espera a hora certa para chegar. Ou talvez o universo seja um átomo da unha do polegar de um gigante cósmico.

Todo o problema, no entanto, encontra-se na palavra "sentido". Estamos acostumados a pensar que o sentido de uma palavra está em seu uso, mas a própria palavra *sentido* é utilizada de diversas maneiras em inglês. Alguns exemplos.

Poisson means 'fish'. [*Poisson* significa peixe].
Did you mean to strangle him? [Você queria mesmo estrangulá-lo?].
Those clouds mean rain. [Essas nuvens anunciam chuva].
When she referred to "a flea-bitten, geriatric donkey", did she mean the one in the paddock over there? [Quando ela se referiu a um asno pustulento e geriátrico, seria a este do pomar?].

What is the meaning of this disgraceful affair? [Que desgraça toda é essa?].

I meant you, not her. [Referia-me a você, não a ela].

Lavender-scented bath soap means a lot to him. [Ele gosta muito de sabonete com aroma de lavanda].

The Ukranians clearly mean business. [Os ucranianos falam sério].

This portrait is meant to be priceless. [É um retrato supostamente precioso].

Lavinia means well, but Julius probably doesn't. [Lavínia tem boas intenções, Julius, provavelmente não].

When the deceased asked the waiter for *poison*, could he by any chance have meant *poisson?*[Quando o falecido pediu veneno ao garçom, não quis dizer com isso que queria peixe?].

Their encounter seemed almost meant. [Eles combinam tão bem que parece planejado.]

His rages don't mean a thing. [Seus ataques de fúria não significam nada].

Cordelia was meant to return the corkscrew by Sunday lunchtime. [Cordélia deveria ter devolvido o saca-rolhas para o almoço de domingo].

Esses usos da palavra parecem se dividir em três categorias. A primeira diz respeito a ter uma intenção, ou algo em mente. Em inglês, a palavra "meaning" tem uma relação etimológica com a palavra "mind". Uma segunda categoria diz respeito à ideia de significação. A terceira conjuga as duas primeiras, pois indica o ato de ter em mente a intenção de significar algo.

"Você queria mesmo estrangulá-lo?" é claramente uma pergunta a respeito de intenções, de algo que se tinha em mente num determinado momento. O mesmo vale para "Referia-me a você, não a ela". Que um encontro ocasional pareça combinado envolve um mistério, talvez ligado à ideia de destino. Dizer que "Lavínia tem boas intenções" não necessariamente significa que elas se traduzam em ações. "Cordélia deveria ter devolvido o saca-rolhas" significa a expectativa de que ela o fizesse. "Os ucranianos falam sério" é uma declaração a respeito de seus propósitos ou intenções mais resolutas. "É um retrato supostamente precioso" é mais ou menos sinônimo de "Considera-se que o seja", na opinião de especialistas. Desses exemplos, é o único que não envolve intenção.

Ao contrário, "Essas nuvens anunciam chuva" ou "Ele gosta muito de sabão com aroma de lavanda" são frases que não se referem a intenções ou estados de espírito. As nuvens não têm a intenção de anunciar chuva; e, como o sabão de lavanda simplesmente não pensa, a frase quer dizer apenas que ele significa muito para alguém. O mesmo vale para "Que desgraça toda é essa?", uma pergunta sobre o significado de uma situação em si mesma, e não, observe-se, do que querem os nela envolvidos. "Seus ataques de fúria não significam nada" quer dizer que eles nada significam, mas não que a pessoa em questão não queira significar nada com eles; não é uma questão a respeito de suas intenções. A terceira categoria, como vimos, refere-se não apenas a ter uma intenção ou a simplesmente significar algo, mas ao ato de ter a intenção de significar algo. Incluem-se aí questões como "Referia-se ela a este asno em particular?" ou "Não queria com isso dizer peixe?".

É importante distinguir entre o sentido como uma significação dada e o sentido como um ato que tem a intenção de significar algo. Ambos os significados são conjungados numa sentença como "Eu queria pedir peixe, mas terminei dizendo veneno". "O que significa isso que você está dizendo?" quer dizer "O que você quer significar com isso que está dizendo?"; já "Qual o significado dessa palavra?" é uma pergunta sobre o valor de significação da palavra em dado sistema linguístico. Estudantes às vezes se referem a esses dois sentidos diferentes da palavra "sentido" como se um fosse sentido como ato, e outro sentido como estrutura. Neste último caso, o sentido de uma palavra é função de uma estrutura linguística, de tal maneira que o sentido da palavra "peixe", por exemplo, depende do lugar que ela ocupa num sistema linguístico, das relações entre ela e outras palavras desse sistema, e assim por diante. Portanto, se é que a vida tem um sentido, pode ser aquele que damos a ela, ativamente, como damos um sentido a pontos marcados em preto numa folha de papel em branco, ou pode ser um sentido dado, independentemente de nossa atividade, em paralelo à ideia de sentido como estrutura ou função.

Mas, pensando bem, essas duas acepções da palavra "sentido" não são assim tão distintas uma da outra. Podemos pensá-la como o ovo está para a galinha. A palavra "peixe" significa uma criatura aquática escamosa, mas apenas porque os inúmeros falantes da língua a utilizam assim há sucessivas gerações. A palavra aparece aí como uma espécie de repositório ou de sedimentação de toda uma série de atos históricos. No entanto, só posso utilizar essa palavra para me referir a tais criaturas, é porque tal é o seu significado na estrutura da minha língua.

O SENTIDO DA VIDA

Palavras não são carcaças mortas que esperam pelo sopro de um falante que venha lhes dar vida. O que eu quero dizer é condicionado pelos sentidos dados de antemão na língua em que falo; e o que eu disser não terá sentido se as palavras que utilizar forem desprovidas de significado, embora, mesmo assim, eu possa dizer algo com elas. Tampouco poderia dizer algo que se encontra inteiramente fora do escopo de minha língua, assim como alguém não pode querer se tornar um neurocirurgião caso não tenha a ideia do que é um neurocirurgião. É impossível dar a uma palavra um sentido que ela não tem. Mesmo que, ao pronunciar as palavras "Organização Mundial da Saúde", me venha ao espírito a imagem de um arenque defumado, o significado do que acabo de dizer é este mesmo, Organização Mundial da Saúde.

Se tomarmos o sentido como a função de uma palavra num sistema linguístico, segue-se que qualquer um que domine esse sistema poderá compreender o sentido de uma palavra que nele se encontre. Caso alguém me pergunte como sei qual é o sentido da expressão "o caminho da perdição", poderei responder sem mais que falo português. O que não quer dizer que eu compreenda o uso dessa expressão em particular. Pois ela pode ser utilizada em diferentes circunstâncias para se referir a coisas diferentes, e, para saber o que cada uma delas significa, teria de considerar o significado imprimido a ela por um ou mais falantes num contexto particular; teria de ver qual a aplicação concreta da expressão. E, nesse caso, não basta saber o significado da palavra no dicionário. Nem sempre é fácil saber a que

{55}

se refere uma palavra numa situação particular. Uma das palavras que os aborígenes australianos utilizam para bebida alcoólica é *ducking*, pois a primeira vez que a ouviram foi no contexto de brindes feitos pelos colonizadores à saúde do rei, *the king*.

É possível dizer, por exemplo: "Eu *compreendi* suas palavras, mas não as *entendi*". Ou seja, eu estava a par da significação com que as utilizava, mas não com o uso que fazia delas – a que elas se referiam, que tipo de atitude sugeriam, o que eu deveria entender por elas, por que queria que eu as entendesse, e assim por diante. Para iluminar esses pontos, eu teria de remeter as palavras ao contexto particular, ou, o que dá no mesmo, teria de situá-las como parte de uma narrativa. Para tanto, o dicionário não ajuda muito. Pois se trata do sentido como ato, algo que as pessoas fazem, uma prática social, uma variedade de modos, por vezes ambíguos e mutuamente contraditórios, de como um signo é empregado numa situação particular.

O que isso tem a ver com a questão do sentido da vida? Para começar, a questão "qual o significado da vida?" é diferente da questão "qual o significado de *potlach*?".* A primeira indaga a respeito de um fenômeno; a segunda, a respeito de uma palavra. O que nos intriga naquela não é a palavra, mas a própria coisa. Da mesma maneira, quando alguém grita "Minha vida não tem sentido!", percebemos que essa falta de sentido não é como a da expressão *&$£%*, porém está mais próxima da falta de sentido de uma expressão como "que a terra lhe seja

---

* Ver Mauss, "Ensaio sobre a dádiva". In: *Sociologia e antropologia*. (N. T.)

pesada". As pessoas que se queixam de que sua vida não tem sentido não estão reclamando que não entendem de que matéria é composto seu corpo ou que não sabem se estão no meio de um buraco negro ou submersas num oceano. Outras simplesmente dizem que sua vida *carece de significado*, ou seja, não tem objetivo, substância, propósito, qualidade, valor ou direção. Não é que tais pessoas não compreendam o que é a vida. Elas não têm uma razão para viver; sua existência não é ininteligível, apenas vazia. Mas esse conhecimento exige reflexão e, logo, um sentido. "Minha vida não tem sentido" é uma declaração existencial, não lógica; alguém que sente que a vida não tem sentido precisa antes procurar um psiquiatra ou tentar o suicídio do que consultar o dicionário.

Macbeth não precisa recorrer ao suicídio, pois seu inimigo Macduff o consigna à eternidade com um golpe de espada; mas os últimos momentos do usurpador são de profunda agonia espiritual:

> *Apaga-te, oh, apaga-te,*
> *precária vela! A vida é tão somente*
> *uma sombra que passa; um pobre ator,*
> *que no palco empertiga-se e entedia-se*
> *em sua hora e depois não mais é ouvido:*
> *é uma história narrada por idiota,*
> *cheia de som e fúria que não querem*
> *dizer nada.**
> Ato 5, cena 5

---

* Tradução de Barbara Heliodora. (N. T.)

A passagem é bem mais intrigante do que parece. Macbeth se queixa de dois aspectos da vida, a transitoriedade e a vacuidade, e a conexão entre elas é clara. Conquistas são esvaziadas pelo fato de ser passageiras. Mas o efêmero das coisas não necessariamente é algo trágico, pode ser visto como parte do que elas são, sem implicações danosas. Se jantares agradáveis são efêmeros, o mesmo vale para alguns tiranos e dores de dente. Que significado teria uma vida humana sem limites, que se estendesse ao infinito? Nesse sentido, a morte é uma das precondições para que a vida tenha um sentido. Em todo caso, se a vida é mesmo tão transitória, por que haveria essa ideia de nos impelir a torná-la ainda mais breve ("apaga-te, oh, apaga-te, precária vela")?

Essas linhas sugerem que a vida, a exemplo de uma encenação dramática, não dura muito. Mas a imagem trai o pensamento que está por trás dela, pois é da natureza da peça ser breve. Ninguém gostaria de se ver sentado num teatro para sempre. Por que com a brevidade da vida haveria de ser diferente? Ou por que ela não seria ainda mais aceitável, dado que é natural, enquanto a do drama é artificial? Quando o ator deixa o palco, o que ele fez não perde o valor; ao contrário, sua saída é parte de um sentido. Ele não deixa o palco a esmo. A imagem do teatro é contrária à ideia de morte que solapa nossas conquistas e impede tantas outras.

Não por acaso, quando Shakespeare tem de conjurar uma visão negativa, ele nos oferece a figura de um ator canastrão. Eram eles, afinal, os homens que mais ameaçavam sua

Figura 6. John Gielgud como um apavorado Macbeth.

reputação e seu dinheiro. Como um jogador ruim, incompetente, a vida carece de sentido porque é encenada, irreal, cheia de uma portentosa retórica que na verdade não passa de falatório. A vida, assim como um ator, não quer dizer aquilo que diz. Mesmo essa comparação parece forçada.

O que dizer da ideia de que a vida é "uma história narrada por idiota"? Por um lado, é uma consolação: apesar de fátua, a vida ao menos constitui uma história, o que implica uma estrutura rudimentar. Pode ser rebarbativa, mas há um narrador por trás, por mais que seja um imbecil. Numa produção de Macbeth para a BBC feita há alguns anos, o ator principal declamou as linhas citadas não num murmúrio, mas dando a elas uma explosão de ressentimento, dirigindo-as furioso contra uma câmera elevada que fazia as vezes do Todo-Poderoso. Nessa versão, o narrador estúpido era Deus. A farsa monstruosa tem de fato um autor, mas isso não quer dizer grande coisa. Ao contrário, apenas acrescenta ao absurdo um gosto amargo de ironia. Mesmo assim, persiste uma ambiguidade: seria a história em si mesma idiota, ou seria idiota porque é contada por um narrador estúpido? Ou seriam ambas as coisas? A imagem pode sugerir, talvez à revelia de si mesma, que a vida é o tipo de coisa que *poderia* ter sentido, como sugere a palavra "relato". Algo que não significa nada poderia ser uma história?

A vida é como um discurso bombástico: parece ter sentido, mas é inócua; é como um ator canastrão, que afeta solenidade, mas não convence ninguém. Uma sobreposição de significantes ("cheia de som e fúria") esconde uma ausência de significados ("que não querem dizer nada"). Como uma peça oratória, a vida é questão de floreios que preenchem uma lacuna. É tão capciosa quanto nula; e tudo o que lhe diz respeito traz consigo um amargo desencanto. Mas essas imagens podem ser enganosas. Atores são tão reais quanto outras pessoas, e criam suas ficções num palco tão sólido quanto se poderia pensar. A metáfora sugere que o mundo ou o palco é tão irreal quanto os atores, mas alguém poderia dizer que, se a vida é uma trapaça, o mesmo não vale para o que a cerca. Atores cuja voz não mais pode ser ouvida planam nos ares, não estão enterrados numa cova.

Existem aí ao menos duas noções do que se entende por "ausência de sentido". Uma delas é existencial: a existência humana é inócua, uma farsa. Muitas coisas têm sentido, embora ele não seja pleno. A outra sugere que a vida carece de sentido, como se fosse uma bobagem. É uma história contada por um idiota e não tem significado. A vida é tão ininteligível quanto tola. Mas essas noções não combinam: pois, se a existência fosse mesmo ininteligível, seria impossível emitir juízos morais a seu respeito, incluindo que ela não tem sentido. Seria como dizer que uma palavra que pertence a uma língua estrangeira que desconhecemos não tem sentido.

Se a questão sobre o sentido da vida não diz respeito a tentar dar sentido a algo que é um nonsense, tampouco é uma questão como "Qual o significado de *Nacht* em português?". Quando perguntamos pelo sentido da vida, não pedimos pelo termo que equivale, num sistema diferente, a certo termo conhecido no nosso. Não se trata de uma questão de tradução.

Em *O guia do mochileiro das galáxias*, Douglas Adams escreve sobre um computador chamado Deep Thought, ao qual é feita a questão: "Qual o significado do universo?". Depois de sete anos e meio, o computador responde: "42". Outro computador tem então de ser construído para decifrar o que a questão quer dizer. Isso me lembra uma anedota sobre a poeta norte-americana Gertrud Stein, que em seu leito de morte teria dito, repetidas vezes: "Qual é a resposta?", antes de murmurar, "Mas, afinal, qual é a questão?". Parece-me um símbolo adequado da condição moderna: uma questão sobre uma questão, feita à beira do nada.

O interessante na resposta de Deep Thought não é apenas seu ridículo, ao qual voltaremos em instantes, mas o absurdo de supor que a resposta "42" pudesse ser considerada adequada à questão, o que é um pouco como imaginar que "uma porção de fritas" seria uma resposta para a pergunta "Quando o sol irá se apagar?".* Temos aí o que os filósofos chamam de equívoco conceitual: quantas emoções são exigidas para deter um caminhão desgovernado? É um jeito gozado de pensar, e a coisa fica ainda mais engraçada quando consideramos que uma resposta como "42", embora inequívoca, não nos ajuda em nada, malgrado a premência da questão. É uma resposta inútil. Apresenta-se como uma solução ponderada e definitiva, mas equivale a dizer algo como "brócolis".

---

* Para o filósofo Jean-François Lyotard, é a questão filosófica por excelência. (N. T.)

O SENTIDO DA VIDA

Outro aspecto cômico dessa resposta é que ela trata a questão "Qual o sentido da vida?" como se fosse uma questão do gênero "Qual o sentido de *Nacht*?". Assim como há uma equivalência entre o alemão *Nacht* e o português Noite, a fantasia cômica de Adams sugere que a vida poderia ser traduzida em outro sistema de significação (um sistema numérico e não verbal), e o resultado é um número, que significaria o sentido da vida. Tudo se passa como se a vida fosse uma espécie de enigma, ou de criptograma que poderia ser decifrado como se fosse um jogo de palavras cruzadas.

A piada do computador é engraçada porque implica a ideia de que a vida é um problema de estilo matemático e teria uma solução tal como a que eles comportam. Misturam-se nela, com efeito cômico, dois sentidos diferentes da palavra "problema": um quebra-cabeças matemático e um fenômeno complexo como a existência humana. É como se a vida pudesse ser decodificada num momento de *eureca*, e uma única palavra – Poder, Cerveja, Amor, Sexo, Chocolate, Futebol – reluzisse em nossa consciência.

Teria a palavra "sentido", na expressão "sentido da vida", a acepção de algo que alguém pretende significar? Por certo que não, a não ser que se acredite, por exemplo, que a vida é uma emanação de Deus, um signo ou discurso em que ele tenta comunicar algo que tenha significado para nós. É o que pensava o grande filósofo irlandês George Berkeley.* Nesse caso,

---

* Eagleton é irlandês, daí a ênfase irônica na nacionalidade de Berkeley. (N. T.)

{63}

o sentido da vida se refere a um *ato* de significação, ao significado, não importa qual, que Deus (ou uma Força Vital, ou o *Zeitgeist*) quer transmitir por meio dele. Mas e quem não acredita em nenhuma dessas augustas entidades? Seria a vida, para essas pessoas, desprovida de sentido?

Não necessariamente. Marxistas, por exemplo, costumam ser ateus, mas acreditam que a vida humana, ou o que chamam de história, tem um sentido, pois exprime um padrão significante. O mesmo vale para os que adotam uma visão triunfalista da história, que vê a narrativa humana como constante aquisição de liberdade e ilustração. É verdade que essas narrativas grandiosas, que dispensam a referência a um Ser Supremo, caíram em desuso; mas elas mostram que é possível acreditar na plenitude da vida mesmo sem atribuir a ela uma intencionalidade. Pois falar em sentido como um padrão não é o mesmo que falar em sentido como intenção. Se a vida humana fosse desprovida de padrões significantes, por mais que os indivíduos não tenham a intenção de estabelecê-los, a sociologia e a antropologia não existiriam. Um demógrafo pode notar que a distribuição da população numa região qualquer "faz sentido", por mais que seus habitantes não estejam cientes desse padrão.

É possível, portanto, acreditar que a realidade está imbuída de uma narrativa significante, embora não de extração sobre-humana. A escritora George Eliot, por exemplo, não era uma mulher de crenças religiosas, mas um romance como *Middlemarch* pressupõe, a exemplo de tantas outras obras realistas, que a história tem um desígnio inerente. O desafio de um escritor do gênero não consiste tanto em inventar uma fábula quanto em expor a lógica recôndita de uma narrativa imanente à realidade. Que se compare essa atitude à de um autor modernista, digamos Joyce, para quem é necessário projetar um padrão num universo desprovido dele. Sua principal obra, *Ulysses*, é estruturada em torno do mito grego a que o título se refere; mas, o que não deixa de ser uma ironia, qualquer outro mito serviria tão bem para dar um semblante de ordem a um mundo caótico, feito de contingências.

Tomando-se "pleno" como "dotado de um desígnio significante", pode-se falar de sentido sem que seja necessário pressupor um autor, o que é digno de nota, em se tratando do sentido da vida. O universo pode não ter sido projetado por uma consciência, e tudo indica que ele não tem nada a dizer, mas nem por isso ele é caótico. Ao contrário, as leis subjacentes a ele revelam uma beleza, uma simetria e uma economia que levam os cientistas às lágrimas. É falsa a antítese que propõe que o mundo ou recebeu um sentido de Deus ou é completamente sem sentido. Mesmo os que acreditam que o sentido da vida está em Deus não precisam alegar que sem Ele o mundo não teria um sentido coerente.

O fundamentalismo religioso está baseado na apreensão neurótica de que sem um Sentido dos sentidos simplesmente não há sentido. É o reverso do niilismo. Subjacente a essa visão de mundo está a ideia da vida como um castelo de cartas: se tirarmos uma da base, a frágil estrutura vem abaixo. Mas quem pensa assim é prisioneiro de uma metáfora; e muitas pessoas de fé rejeitam essa visão. Nenhuma pessoa religiosa que tenha um mínimo de bom senso poderia pensar que os descrentes estão imersos no mais completo absurdo, ou tampouco que a existência de Deus iluminaria de súbito o sentido da vida. Ao contrário, muitos creem que a presença de Deus é o que torna o mundo um mistério insondável. Se ele tem um propósito, é impenetrável. Nesse sentido, Deus não é a solução para o problema: tende a espessar as coisas em vez de torná--las autoevidentes.

O filósofo Immanuel Kant escreveu, na *Crítica do juízo*, a respeito de organismos e de obras de arte, aplicando a ambos a expressão "finalidade sem fim". O corpo humano não tem um fim; mas pode-se dizer que suas diversas partes têm um lugar em relação ao todo, e não somos nós que decidimos qual é. Ninguém projetou o pé humano, e sem dúvida seria um abuso falar que o propósito dessa parte é nos ajudar a ficar em pé, a chutar, a caminhar, a correr. Mas é certo que o pé tem uma função dentro do organismo como um todo, de tal modo que alguém ignorante em anatomia humana está autorizado a indagar sobre seu "sentido" no corpo. "Sentido" equivale aí a função dentro de um sistema, e podemos dizer, sem forçar muito, que o pé tem um sentido dentro do corpo como um todo, é mais do que um apêndice à perna.

Outro exemplo. Não seria tão excêntrico quanto pode parecer indagar "Qual o sentido desse ruído?" quando se ouve o vento sibilar entre as árvores de um bosque. Não é que o vento esteja tentando se exprimir, mas, mesmo assim, seu

O SENTIDO DA VIDA

som "significa". Para tranquilizar essa pessoa ou satisfazer sua curiosidade, poderíamos elaborar uma breve explicação sobre a pressão do ar, a acústica, e assim por diante. Mas não se trata de um significado sobre o qual tenhamos controle. Alguém poderia dizer, diante de um punhado de cascalhos, que eles significam algo, e mesmo que eles pronunciam uma frase – "Todo poder aos sovietes", por exemplo –, por mais que ninguém os tenha disposto nessa ordem.[1] Mesmo algo que surge acidentalmente, como é o caso da vida, pode exibir um desígnio. Acidental não significa ininteligível. Acidentes de carro são inteligíveis, eventos que se seguem a causas determinadas. Ocorre que o resultado não era intencionado pelos envolvidos. Um processo que num momento parece acidental pode, retrospectivamente, ser inserido num padrão. É como Hegel via a história do mundo. Ela pode parecer sem sentido enquanto a vivemos, mas, depois, o *Zeitgeist* poderá olhar para trás e admirar o que ele mesmo criou. Aos olhos de Hegel, mesmo os erros e desvios da história fazem parte de um grande desígnio. A visão oposta poderia ser condensada nesta tirada: "minha vida é cheia de personagens fascinantes, mas não consigo ver o enredo"; ela parece ter sentido de um momento a outro, mas não no geral.

---

1 Afirmação negada por Roger Scruton em *Modern Philosophy*, p. 251. A frase citada por Scrutton não é "Todo poder aos sovietes", mas "Deus está morto" – escolha significativa, pois, com essa frase, Nietzsche teria exposto o mundo a uma espécie de vale-tudo interpretativo. O exemplo que eu prefiro é igualmente significativo.

{67}

Como pensar significados não intencionais? Uma artista pode pintar a palavra "porco" numa tela não porque ela queira comunicar esse conceito, mas simplesmente porque o desenho da palavra é interessante. Mas o significado continua a ser o mesmo. No outro oposto, poderia ocorrer a um escritor inserir em seu livro longas sequências de termos inexistentes; caso o fizesse com um propósito artístico, diríamos que as palavras teriam sentido e, portanto, significado, por mais que fossem literalmente desprovidas de sentido. Poderiam significar, por exemplo, um ataque, de inspiração dadaísta, à ilusão suburbana de que haveria sentidos estáveis. O autor teve uma intenção, a qual, no entanto, foi transmitida por palavras que, em seu sistema linguístico, são desprovidas de sentido.

Os críticos falam a respeito de um complexo sistema de sentidos nas peças de Shakespeare, mas não necessariamente supõem que Shakespeare as teria na cabeça com este ou aquele sentido no momento que escreveu. Como poderia esse poeta dotado de uma imaginação tão fértil e pródiga fixar na cabeça as diferentes conotações das palavras? Às vezes, dizer que uma obra tem um significado possível é o mesmo que dizer que é plausível interpretá-la assim. O que o autor tinha em mente se perdeu para sempre, mesmo para ele. Muitos autores aos quais foi mostrado um padrão de significado na própria obra reconheceram que não tinham a intenção de produzi-lo. E quanto aos sentidos inconscientes, que são, por definição, não intencionais? "Eu penso de fato com minha caneta", disse

Wittgenstein, "porque minha cabeça muitas vezes não sabe sobre o que minha mão escreve."[2]

Assim como é possível acreditar que uma coisa qualquer, que seja a vida, pode ter um desígnio que não depende de uma intenção, também é possível crer que a existência humana é nula e caótica, por causa de uma intenção. Nada impede que seja o produto de uma vontade ou destino maligno. É o que pensava o alemão Arthur Schopenhauer, um filósofo tão sombrio que sua obra oferece, a despeito de si mesma, uma das grandes comédias do pensamento ocidental. Schopenhauer entende que a realidade como um todo, e não apenas a vida humana, é o produto passageiro do que ele chama de Vontade. A Vontade, força voraz e implacável, é dotada de certa intencionalidade: ela gera tudo o que existe, mas, se o faz, é unicamente para se manter ativa. Ao reproduzir a realidade, a Vontade se reproduz a si mesma, porém sem nenhum propósito. Existe, portanto, uma essência da vida, uma dinâmica central; mas é uma verdade horrenda, que não tem nada de nobre, que engendra a desordem, o caos, a desgraça perpétua. Nem todas as grandes narrativas se deixam deslumbrar pelas coisas.

Por ser puramente autodeterminada, a Vontade tem um fim em si mesma, como se fosse uma criatura maligna do Todo-Poderoso. Isso significa que ela se vale de nós e do restante da Criação para seus propósitos inescrutáveis. Por mais

---

2 Wittgenstein, *Culture and Value*, p.17e.

que acreditemos que nossas vidas têm valor e sentido, a verdade é que nossa existência se resume a sermos os instrumentos imprestáveis da autorreprodução cega e fútil da Vontade. Para obter isso, a Vontade tem, no entanto, de nos iludir com a suposição de que nossas vidas têm, de fato, um sentido, e o faz desenvolvendo em nós o traiçoeiro mecanismo da autoconsciência, que incute a miragem de fins e valores que seriam só nossos; ela nos leva a crer que seus apetites são também os nossos. Nessa medida, toda consciência é, para Schopenhauer, falsa consciência. Alguém disse uma vez que a linguagem existe para esconder nossos pensamentos; para Schopenhauer, a consciência existe para esconder de nós a completa futilidade de nossa existência. Não fosse assim, ao nos vermos confrontados com o espetáculo de carnificina e esterilidade conhecido como história humana, poríamos fim a nós mesmos. Mesmo o suicídio representa o malicioso triunfo da Vontade, cuja imortalidade é demonstrada da maneira mais dramática possível pelo contraste com a mortalidade de suas marionetes humanas.

Schopenhauer pertence a uma linhagem de pensadores para os quais a falsa consciência, longe de se dissipar quando exposta à luz da razão, é indissociável de nossa existência. Outro deles é Nietzsche, cujos primeiros escritos foram influenciados por Schopenhauer. "A verdade é horrenda", ele escreve em *A vontade de poder*. "Temos a arte para que a vida não nos destrua."[3] Sigmund Freud também foi profundamente

---

3 Nietzsche, *Vontade de poder*, p.435.

O sentido da vida

Figura 7. Arthur Schopenhauer, tão severo quanto sua visão da vida.

influenciado por Schopenhauer. O que este chama de Vontade, Freud chama de Desejo. Para Freud, a fantasia, a percepção equivocada e a repressão do Real não são elementos acidentais, mas constitutivos do eu. Sem eles, seria impossível viver. E se a vida de fato tivesse um sentido, mas fosse melhor não conhecê-lo? Pressupomos que a descoberta do sentido da vida seria uma tarefa digna; mas e se estivermos errados? E se o Real for mesmo uma aberração, um monstro que nos transforma em pedra?

Por que, afinal, alguém *estaria interessado* em saber qual o sentido da vida? Seria para ter uma vida melhor? Muitos homens e muitas mulheres vivem vidas extraordinárias sem a posse desse segredo; ou talvez a tenham e não o saibam. Pode ser que o sentido da vida seja algo que faço neste momento, uma coisa simples, como respirar, por exemplo. E se o segredo da vida escapa a nós, não porque está escondido, mas porque está próximo demais para que possamos vê-lo com clareza? Talvez o segredo da vida seja não um objetivo a ser perseguido, ou uma verdade a ser apreendida, mas algo que se articula no próprio ato de viver ou em certo modo de vida. Afinal, o sentido de uma narrativa não está apenas em seu fim, mas se encontra no próprio processo da narração.

Wittgenstein exprime bem essa ideia:

> Se alguém pensa que resolveu o problema da vida e que agora tudo será mais simples, basta lembrar, para ver que está errado, da época em que essa solução não fora encontrada, quando também era possível viver, e a solução ora encontrada há de parecer fortuita em relação ao passado.[4]

Por trás dessa opinião, encontra-se a convicção de que o sentido da vida, se é que ele existe, não é um segredo nem uma

---

4 Wittgenstein, op. cit., p.4e.

O SENTIDO DA VIDA

solução. O que nos devolve à questão: e se o sentido da vida for algo que simplesmente *não* podemos descobrir?

Não é o tipo de pensamento que teria ocorrido aos filósofos das Luzes, para os quais o erro deveria ser combatido pela verdade. Mas, quando passamos do século XVIII para o XIX, a noção de uma mentira redentora ou de uma ficção salutar se torna pouco a pouco aceita. Talvez os seres humanos não suportem a verdade. Talvez as ficções e os mitos sejam, mais do que erros a ser descartados, ilusões produtivas que nos ajudam a prosperar. A vida pode ser um mero acidente biológico, que nem estava destinado a acontecer; mas desenvolveu em nós um fenômeno aleatório, chamado mente, que podemos utilizar para nos proteger do temerário conhecimento de nossa própria contingência.

É como se uma natureza homeopática tivesse nos oferecido, generosamente, a cura junto com o veneno, e a consciência fosse ambos. Podemos nos dedicar a sombrias especulações sobre o modo como a Natureza parece indiferente a vidas individuais em sua implacável dedicação à conservação da espécie como um todo; ou podemos desviar nossos pensamentos para a construção de mitologias e religiões edificantes, o humanismo e outros, que podem nos dar algum status ou importância neste universo inóspito. Por mais que não sejam verdadeiras de um ponto de vista científico, tais mitologias têm seu valor, e esse ponto de vista é às vezes superestimado, como se fosse a única verdade disponível. A exemplo das humanidades em geral, esses mitos contêm sua própria verdade, que se encontra mais na consequência que deriva deles do que nas proposições que oferece. Se nos permitem agir imbuídos de um propósito e de valores, talvez sejam suficientemente verdadeiros para que os adotemos como tais.

No século XX, com a obra do teórico marxista Louis Althusser, esse modo de pensar chega ao marxismo, que sempre criticou a ideologia ou falsa consciência. E se a ideologia for necessidade vital? E se precisamos dela para nos convencer de que somos agentes políticos capazes de agir com autonomia? A teoria marxista está ciente de que o indivíduo não tem um grau importante de unidade ou de autonomia, ou mesmo de realidade; mas é necessário que o indivíduo pense tê-lo, para que possa agir de maneira efetiva. Para Althusser, a tarefa da ideologia socialista é garantir essa ilusão redentora. O mesmo vale em relação ao ego para Freud, que o vê como um rebento do inconsciente, porém tão organizado, que considera o mundo inteiro como voltado para si. O ego trata a si mesmo como uma entidade coerente e independente, que o psicanalista sabe, no entanto, ser ilusória; mas se trata de uma ilusão salutar, sem a qual não poderíamos agir.

Parece, portanto, que a questão não é sobre o sentido da vida, mas sobre uma escolha entre sentido e vida. E se a verdade for nociva à existência humana, uma força dionisíaca destrutiva, como para o jovem Nietzsche, ou uma Vontade rapace, como nas sombrias especulações de Schopenhauer, ou ainda um desejo impessoal, devorador e insaciável, como para Freud? O psicanalista Jacques Lacan pensava que o sujeito humano

O SENTIDO DA VIDA

pode significar ou apostar, mas não pode fazer as duas coisas ao mesmo tempo. Quando adquirimos a linguagem, e, com ela, nossa humanidade, a "verdade do sujeito", o que ele é enquanto tal, divide-se numa infindável cadeia de sentidos parciais, e, se alcançamos o sentido, é à custa da perda da existência. Essa veia de pensamento foi introduzida na língua inglesa pelo escritor Joseph Conrad, que era leitor de Nietzsche e de Schopenhauer. Como bom cético de extração filosófica, Conrad não acreditava que nossos conceitos, valores e ideias tenham fundamento num mundo tão sem sentido quanto as ondas. Mesmo assim, há razões morais e políticas prementes que nos impelem a acreditar que esse mundo tem um sentido. Caso contrário, a anarquia social seria a nefasta consequência. Em certo sentido, nossas crenças são em si mais importantes do que o próprio fato de crermos. Esse formalismo leva ao existencialismo, para o qual o comprometimento, e não a causa com a qual nos comprometemos, é a chave da existência autêntica.

Um bom exemplo são os protagonistas das peças de Arthur Miller. Personagens como Willy Loman em *Morte de um caixeiro viajante* ou Eddie Carbone em *Um panorama visto da ponte* têm uma versão própria de sua identidade e do mundo ao seu redor, visão esta que, de um ponto de vista objetivo, é falsa. Willy acredita que o que vale na vida é ser socialmente respeitado e economicamente bem-sucedido. O que interessa nessas figuras que se cegam a si mesmas, como alguns protagonistas de Ibsen, é a intensidade com que adotam essa visão. O que conta no final é a heroica tenacidade com que permanecem fiéis à contorcida imagem que têm de si mesmos, por mais que esta os leve à desilusão e à morte. Viver com fé – e qualquer fé serve – é infundir significado à vida. O sentido da vida se reduz à maneira como se vive, não diz respeito ao que acontece. Para Schopenhauer, apenas um idiota poderia pensar que a vida tem valor. O emblema mais adequado da vida humana é a toupeira:

> A vida se resume a escavar penosamente o solo em que nos encontramos; e o que se conquista com uma vida cheia de preocupação e carente de prazer? Alimentar-se e procriar, ou seja, a garantia dos meios para que o mesmo caminho melancólico seja novamente trilhado.[5]

A ideia de um desígnio humano não passa de um lamentável equívoco, que há muito deveria ter sido superado. Apenas os mais obtusos e autoiludidos poderiam imaginar, confrontados com a história, que seria diferente. A narrativa das coisas humanas tem sido uma sucessão tão lamentável, que apenas os iludidos pela artimanha da Vontade poderiam considerar que vale a pena ter nascido.

Há algo de ridículo nessa raça pomposa de criaturas autoiludidas, cada uma delas convencida de seu próprio valor supremo e em busca de um fim qualquer, que não demora a se concretizar como cinzas em sua boca. Não há objetivo maior em meio a todo esse som e fúria sem sentido, para além de

---

5 Schopenhauer, *O mundo como vontade e representação*, ii, p.353-4.

O SENTIDO DA VIDA

satisfação momentânea e prazer passageiro, condicionados por carências, por muitos e duradouros sofrimentos, por uma luta constante, *bellum omnium*, tudo é caçar e tudo é caça, tudo é pressão, necessidade e ansiedade, opressão e dor, arrastando-se por *saecula saeculorum*, ou até que a crosta do planeta venha de novo a se romper.[6]

Na opinião de Schopenhauer, "nenhum de nós tem a mais remota ideia de por que essa tragicomédia existe, pois ela não tem espectadores, e os atores se empenham ao máximo, para obter, se tanto, uma satisfação mínima".[7] O mundo é uma futilidade, um drama grotesco e de mau gosto, um salve-se quem puder, um anfiteatro darwiniano em que cada forma de vida tenta sufocar as demais.

Não devemos esquecer, é claro, a vida social. Contudo, para Schopenhauer, o tédio nos impele a conviver com os outros. Para a Vontade, não há distinção relevante entre humanos e pólipos, ambos são instrumentos de sua dinâmica indiferente. No cerne dos seres humanos se encontra um poder que os constitui por dentro, mas que não sente, uma força anônima que põe as ondas em movimento. Carregamos conosco um peso inerte, uma falta de significado prenhe de monstros; isso, que resulta da atuação da Vontade dentro de nós, constitui nosso próprio cerne. O apetite se encontra por toda parte: os seres humanos são encarnações ambulantes dos instintos copulatórios de seus pais, e esse desejo infrutífero é baseado

---

6 Ibid., p.354.
7 Ibid., p.357.

{77}

numa falta. "Todo *querer*", Schopenhauer escreve, "vem de falta, deficiência, e, portanto, de sofrimento."[8] O desejo é eterno, mas a realização é escassa e temporária. Enquanto houver um eu, não terá fim a infecção fatal que é o nosso delírio. Apenas a supressão do ego na contemplação estética ou uma abnegação de estilo budista poderiam nos livrar do astigmatismo da carência e permitir que vejamos o mundo como ele é. Esse é um dos lados da história. Se vale a pena ler Schopenhauer, não é porque ele encare, de maneira mais direta e brutal do que qualquer outro filósofo, a possibilidade de que a existência humana seria inócua e sem sentido, mas porque muito do que ele diz é verdade. No geral, a história humana tem sido mais escassez, miséria e exploração do que esclarecimento e civilidade. Os que pressupõem que a vida tem um sentido, e que ele é positivo, têm de se haver com o brutal desafio de Schopenhauer: é uma obra que os obriga a lutar para provar que sua visão é algo mais do que um anódino consolo.

---

8 Ibid., i, p.196.

Capítulo 3
O eclipse do sentido

Considere-se por um instante esse breve diálogo de *As três irmãs*, de Anton Tchekhov:

MASHA: Não existe aí um sentido?

TOOZENBACH: Sentido? Veja: está nevando, qual o sentido disso?

A neve não é uma declaração nem um símbolo; tampouco, até onde vemos, é uma alegoria do pesar celeste. Ela não diz nada, não da maneira como Philip Larkin imagina, no poema "The trees", que a primavera diria algo:

> As árvores começam a verdejar,
> Quase como se algo fosse dito...

Dizer "Veja, está nevando!" implica uma série de significados. A neve tem significado na medida em que é parte de um mundo inteligível, organizado e deflorado por nossa linguagem. Não é um enigma bizarro. Quem nunca viu neve e ouvir essa frase pode muito bem perguntar o que ela significa. E, embora a neve não seja um símbolo, pode ser usada para significar algo, por exemplo, que o inverno está chegando. Como tal, ela é parte de um sistema meteorológico feito por leis que compreendemos. Esse tipo de sentido é inerente e não atribuído: não importa o que pensemos dela, a neve significa que o inverno está chegando. A neve também pode ser *utilizada* para significar algo, como faz Toozenbach, apontando ironicamente para ela como se significasse a falta de sentido. Outra pessoa poderia dizer "Olhe, está nevando! O inverno vem aí! Vamos nos preparar para Moscou", e então a neve significaria um projeto humano e estaria na base de uma mensagem trocada entre indivíduos. Em todos esses sentidos, a neve é algo mais do que simples neve.

Toozenbach talvez esteja sugerindo que o mundo é absurdo; mas isso significa alguma coisa. Gritar "Isto é um absurdo!" evoca a possibilidade de produção de sentido. Pois o absurdo só tem sentido em contraste com a produção de sentido, assim como a dúvida só é posta tendo a certeza como pano de fundo. Caso alguém diga que a vida não tem sentido, podemos retorquir "Mas o que é isso que não tem sentido?", e a resposta viria embalada em sentido. Pessoas que se perguntam sobre o sentido da vida em geral querem saber qual o resultado de uma série de situações; e, como a identificação de cada uma delas implica sentido, existe afinal algum sentido. Assim como é inútil duvidar da existência de todas as coisas, é difícil pensar que a vida seria um absurdo de uma ponta a outra. Pode ser que ela não tenha uma direção, ou que não tenha uma finalidade ou propósito, mas não é absurda, não é um nonsense – pois,

O SENTIDO DA VIDA

para dizer tal coisa, precisamos de uma medida lógica que nos permita afirmá-lo.

A vida pode parecer absurda em contraste com o sentido que ela teve um dia ou que pensamos que ela teve. Uma das razões pelas quais modernistas como Tchekhov se interessam pela possibilidade da falta de sentido é que o modernismo existe há tempo suficiente para se lembrar de uma época em que o sentido era abundante; homens como Tchekhov, Conrad, Kafka ou Beckett se sentem desorientados pela perda de sentido. As obras de arte modernistas mais típicas são assombradas pela memória de um universo ordenado, e sentem o eclipse do sentido como uma angústia, um escândalo, uma privação intolerável. Por essa razão, tais obras com frequência se estruturam em torno de uma ausência, de uma lacuna ou silêncio indecifrável que assinala a brecha pela qual o sentido se perdeu. Poderíamos pensar na Moscou de Tchekhov em *As três irmãs*, na África de Conrad em *Coração das trevas*, no enigmático farol de Virginia Woolf em *Ao farol*, nas cavernas vazias de E. M. Forster em *Passagem para a Índia*, no não encontro do *Ulysses* de Joyce e no *Godot* de Beckett, no inominável crime de Joseph K. em *O processo* de Kafka. Essa tensão entre a obstinada busca de sentido e a constatação do quanto ele é elusivo torna o modernismo genuinamente trágico.

Já o pós-modernismo não tem idade suficiente para se lembrar da época em que havia verdade, sentido e realidade, e trata essas ilusões tão caras com a brusca impaciência típica dos jovens. Por que lamentar a perda de uma profundidade que nunca existiu? Nem por isso a vida é superficial, pois só há superfícies onde há profundezas. O Sentido de todos os sentidos não é um fundamento sólido, mas uma ilusão opressora. Viver sem precisar dessas salvaguardas é ser livre. Houve um dia grandes narrativas (o marxismo, por exemplo) que correspondiam a algo real; mas nos livramos delas – se é que elas chegaram a ser mais do que uma quimera. Em todo caso, ou o mundo não tem mais a forma de uma história, ou nunca a teve. Embora muitas vezes rasteiro, o pensamento pós-moderno é amiúde sugestivo. A náusea de Jean-Paul Sartre ou o trágico orgulho de Albert Camus, confrontados com um mundo sem sentido, são parte do problema para o qual oferecem uma resposta. Só é possível pensar que o mundo é nauseante ou revoltante e não tem razão de ser, se antes pensamos que ele não tem razão de ser, pura e simplesmente. Camus e Sartre tinham idade suficiente para se lembrar de um tempo em que o mundo parecia ter sentido; mas, se essa crença lhes parecia ilusória, por que lamentar seu desaparecimento? A vida não tem de ser fútil só porque carece de um propósito intrínseco. O niilista é um metafísico desiludido; a angústia é o outro lado da fé. Os católicos ingleses que perdem a fé se tornam ateus, não anglicanos. Se a constatação de que o mundo não tem um sentido pleno é devastadora para muitos, é porque um dia pensaram que pudesse tê-lo.

A obra de Samuel Beckett pode ser considerada como um intermediário entre o modernismo e o pós-modernismo. Beckett é um modernista clássico quanto à elusividade do

O SENTIDO DA VIDA

sentido (sua palavra predileta é *talvez*). Sua pessoa perpassa, do início ao fim, a sua escrita, ciente, ironicamente, de que poderia jamais ter existido. Daí que ela pareça existir *por um fio*, à beira da articulação, antes de recair numa escuridão muda. Ela só existe na medida em que mal se deixa perceber. O sentido vem e vai, apagando-se quase no instante em que emerge. Uma intricada e inútil narrativa decola com muito esforço, mas é sabotada no meio do voo, substituída por outra igualmente fútil. Nem sequer existem palavras para dizer o que há de errado conosco.

Tudo no mundo de Beckett, que é um mundo pós-Auschwitz,* é ambíguo e indeterminado. Toda proposição é uma hipótese tateante. Difícil saber se algo acontece ou não, pois o que nesse mundo conta afinal como um evento? A espera por Godot é algo que ocorre ou se dá em suspenso? O próprio ato de esperar é um nada, um perpétuo adiamento de sentido, a antecipação de um futuro, mas que é também um modo de vida presente. Sugere-se com isso que viver é postergar, repelir um sentido terminal; e, embora o ato de postergar torne a vida difícil de suportar, ele a mantém em movimento. Em todo caso, num mundo em que a construção de sentido é tão frágil e tão fragmentada, fica difícil identificar um sentido qualquer, por mais reluzente que seja. Talvez Vladimir e Estragão, em *Esperando Godot*, não tenham visto que é assim; talvez Pozzo seja o

---

* Alusão ao ensaio de Adorno *Dialética negativa*, que discute a obra de Beckett no contexto de um "mundo pós-Auschwitz". (N. T.)

{83}

Figura 8. Vladimir e Estragão, da peça de Samuel Beckett *Esperando Godot*.

O SENTIDO DA VIDA

próprio Godot, e eles não se dão conta. Ou talvez esse congelamento do tempo, que tem algo de agoniante e de farsesco, seja a vinda de Godot, um pouco como, para Benjamin, a vacuidade da história aponta, por meio de uma negação, para a iminente vinda do Messias. Talvez a chegada de Godot traga consigo um desencantamento salutar, revelando que sua vinda nunca foi necessária – não havia algo à espera de redenção, e acreditar nisso é típico de nossa falsa consciência. O Messias de Benjamin por certo vai mudar o mundo, mas o fará com pequenos ajustes. Se o mundo é indeterminado, o desespero é impossível: uma realidade ambígua deixaria lugar para esperança. Talvez esta seja uma das razões pelas quais os vagabundos (e quem disse que são vagabundos?) não se matam. Em Beckett não há morte, apenas um interminável processo de degeneração – os membros enrijecem, a pele se torna flácida, a visão fica embaçada, a audição piora gradativamente, a decadência parece não ter fim. A ausência de Godot mergulha a vida numa perpétua indeterminação, pois nada garante que ele não virá. Se tudo é indeterminado, isso vale também para o nosso conhecimento, e não podemos descartar a existência de um complô por trás disso tudo. Nem mesmo a desolação pode ser absoluta, num mundo sem absolutos. É um mundo onde não há redenção, por mais que essa ideia faça sentido, quando pensada em relação ao mundo; mas quem garante que a redenção é necessária? E quem poderia dizer se essa mesma paisagem desoladora, vista por outro ângulo, não se mostraria à beira de uma total transformação?

{85}

Essa ideia de transformação é altamente implausível, para dizer o mínimo. Mas o próprio fato de que nada em Beckett é definitivo, e todo significante fragmentado nos leva ao seguinte, pode ser visto como uma alegoria não apenas do desejo, mas também do sentido. Pois o sentido é um processo infinitamente interminado, a eterna transposição de um signo para outro, sem o receio ou a esperança de um desfecho. Ao menos disto podemos estar certos: há sempre um sentido adicional à nossa espera, uma vez tenhamos encontrado um sentido qualquer. Não é lógico que o sentido tenha fim, pondo um fim à interpretação, pois todo sentido tem de ser interpretado. E, como os signos só têm sentido em relação a outros signos, não existe um grande signo final, assim como não existe uma grande pessoa ou um número final.

Em geral, no mundo de Beckett, o fato de haver sempre um sentido ulterior implica mais sofrimento. Mas essa suspensão do sentido último também pode ser libertadora, pois cria um espaço que nos dá uma sobrevida momentânea. É verdade que, para que possamos sobreviver e prosperar, se requer mais garantias do que o esparso universo que Beckett nos oferece; mas garantias robustas demais nem sempre são boas. O *talvez* de Beckett é uma resposta possível às certezas absolutas do fascismo, contra o qual ele, como membro da resistência francesa, teve a coragem de lutar. Se é verdade que precisamos de algum grau de certeza para sobreviver, em excesso ela pode ser fatal. A meio caminho entre esses extremos, desenrola-se um processo anônimo e implacável, similar à digestão.

O SENTIDO DA VIDA

A evaporação de um sentido estável é um dos motivos de a obra de Beckett não se deixar descrever como trágica; é indeterminada demais para isso. Outra razão é a banalidade, o pendor satírico, tipicamente irlandês, de diminuir e esvaziar as coisas: é uma veia antiliterária, que subverte a retórica elevada dos grandes feitos. Seus escritos celebram um pacto silencioso com o fracasso, a fadiga, a tarefa inglória de se manter biologicamente viável. As figuras exíguas e escleróticas de Beckett são indignas do protagonismo trágico, que ao menos lhes daria algum significado estável. Elas nem têm coesão suficiente para se sustentar como tais. Estamos na presença do farsesco ou do carnavalesco, não do drama elevado. Como na Segunda Guerra, a extremidade está na ordem do dia. Não podemos nem mesmo chamar de nosso o nosso sofrimento, pois o sujeito humano implodiu junto com a história a que pertencia. Dar-lhe uma memória ou uma experiência requer um grau de segurança que não está disponível.

Pouco nos escritos de Beckett é estável ou idêntico a si mesmo, e o enigma é saber como as coisas podem ser a um só tempo tão inconstantes e tão persistentemente dolorosas. O paradoxo dessa obra é que ela não abre mão da nostalgia pela verdade e o sentido, apesar da ausência deles em seu centro. O outro lado da elusividade e da ambiguidade de Beckett é sua fanática devoção à precisão, sua cabeça irlandesa escolástica. Uma excentricidade de sua escrita é o jeito pedante com que trata as sugestões e os vestígios de sentido, esculpindo meticulosamente cada ausência e, com toda a lucidez, tentando capturar o inefável. Sua arte se dá a partir de um conjunto de

{87}

postulados, e, de maneira quase estruturalista, deixa-os livres para que realizem uma permuta mecânica, até que o processo se esgote e outro conjunto de permutações, igualmente sem sentido, venha ocupar seu lugar. Dramas inteiros são construídos a partir de uns poucos restos como esses. O mundo de Beckett exala mistificação, mas seu olhar sobre ele o desmistifica. Sua linguagem põe de lado tudo o que não é essencial, contrai-se e permanece rente ao mínimo necessário. A dispersão é talvez o que mais se aproxima do essencial. O leitor sai da experiência mais pobre, mas também mais honesto. Tudo isso trai um ânimo protestante, que se volta contra o supérfluo e o ornamental. É impressionante como sua obra navega em meio às dificuldades, e a rigorosa lógica com que passa pelos absurdos. Os materiais de Beckett são crus e aleatórios, mas a maneira como os trata é ironicamente estilizada, com uma elegância de bailarino, uma economia de gestos. É como se todo o aparato formal da verdade, da lógica e da razão permanecesse intacto, agora que seus conteúdos vazaram.

O outro lado da obra de Beckett, no entanto, é uma espécie de positivismo pós-moderno, em que as coisas não são elusivas, mas, brutalmente, são elas mesmas. Como escreve seu contemporâneo parisiense Jean-Paul Sartre em *O ser e o nada*, "a própria existência, que não foi criada, que não tem razão de ser, e nenhuma conexão com outras existências, é em si mesma eternamente supérflua".[1] É uma boa maneira de exprimir o

---

1 Sartre, *Ser e nada*, p.xlii.

lado de Beckett para o qual o mundo é o que é, o artista fascinado pela materialidade inerte de objetos como um chapéu-coco, e que resiste à tentativa de impor a eles um significado qualquer ("Não existe símbolo se sua existência não é intencionada", ele diz). O principal desses objetos, embora não tenha nenhuma importância em particular, é o corpo, ao qual o sentido parece aderir. O corpo é um simples mecanismo que controlamos, à maneira de um guindaste. As coisas em Beckett são tão discretas que se tornam ou desesperadoramente ambíguas ou impávidas a todo sentido. A realidade ou é uma rocha, que não oferece guarida para o sentido, ou uma enigmática alternância de significantes. É sombreada e evanescente, mas também cheia de pontas agudas e pesos pesados, dores físicas excruciantes e ossos dilacerados.

Sob esse segundo aspecto, dito pós-moderno, a vida não é plena, mas tampouco é inócua. Declarar que a existência carece de sentido é permanecer prisioneiro da ilusão de que ela poderia tê-lo. Mas seriam esses termos apropriados à vida? Se o sentido é algo que as pessoas produzem, como querer que o mundo o tenha ou não em si mesmo? E por que nos queixarmos de que o mundo não se ofereça a nós como pleno de significações? Ninguém lamenta o fato de não ter nascido com um gorrinho de lã na cabeça; não é razão para que se sinta uma angústia, e ninguém pensa nisso em seu dia a dia.

Não se trata de uma falta, assim como nada falta à resposta "Porque liguei o gás", quando oferecida à questão "Por que a chaleira está fervendo?". Mas alguém poderia pensar que realmente só explicará por que a chaleira está fervendo se explicar os processos químicos e as leis subjacentes a eles, e assim por diante, até que se alcance o fundamento de todas as explicações: pois, se não houver fundamento último, faltará sempre alguma coisa e tudo permanecerá precário, como que suspenso no ar. Muitos pensam que é o caso do sentido. Se o sentido é algo com que vez por outra atinamos, como poderia ser a infraestrutura da realidade? As coisas devem ter um significado inerente a elas, que não lhes é aposto por nós. E, a não ser que exista um Sentido de todos os sentidos, não haverá sentido algum. Se o fato de que está nevando não significa que Deus tenta recobrir a terra com um manto de esquecimento, então se trata de um fenômeno absurdo.

Mas o que é um sentido "inerente"? Sentidos não são coisas como um frasco de tinta, por exemplo. Um desígnio significante pode existir em alguma parte do mundo sem que o saibamos, como um floco de neve nunca visto ou um padrão sociológico que não foi detectado; sentidos, porém, são diferentes, são interpretações do mundo, e, como tais, dependem de nós. Falar em sentidos inerentes é como tentar descrever o que existe na realidade. Mas quem descreve somos nós. Que se tome em contraste sentidos atribuídos, como Groenlândia [*Greenland*, "terra verde"], ou sentidos obviamente subjetivos, como "Para mim, o horizonte de Chicago é a imagem de Deus em perfil", ou "Sempre que ouço a palavra pélvis penso em Abraham Lincoln".

Veremos mais à frente que é possível falar em um sentido inscrito nas coisas ou na natureza das coisas. No mais

O SENTIDO DA VIDA

das vezes, porém, sentidos inerentes são apenas as porções de nossa linguagem que alcançam isso que está aí diante de nós. Mas há situações em que simplesmente não sabemos o que é isso que está aí, e então a verdade se afigura de maneira algo diferente do que estamos acostumados a interpretar. Portanto, é possível que a vida tenha um sentido inerente, mas de maneira que nenhum de nós poderia alcançá-lo, um sentido diferente daquele que cada um de nós constrói para si mesmo. Sigmund Freud, por exemplo, acreditava que o sentido da vida era a morte, e que todo o empenho de Eros ou dos instintos vitais era retornar à condição de um êxtase similar à morte, em que o ego não pudesse ser ferido. Supondo que isso seja verdade, e é claro que pode ser que não seja, então esse fato era verdadeiro antes que Freud o descobrisse, e permanece verdadeiro queiramos ou não aceitá-lo. Nossos impulsos e desejos podem formar um padrão de que não temos consciência, mas que é determinante para o sentido de nossa existência. Portanto, pode ser que exista um sentido da vida que ignoramos por completo e que não foi instaurado por uma força sobre-humana como Deus ou o *Zeitgeist*. Ou, se quisermos, em termos técnicos, a imanência não implica uma transcendência. Pode haver outras possibilidades, para além de um sentido da vida instituído por Deus ou um sentido construído por nós mesmos.

O conflito entre sentido "atribuído" e sentido "inerente" se põe na linguagem. Os críticos literários costumavam debater se o sentido de um poema se encontra na obra, para que o leitor o extraia pronto, ou seria algo que nós, leitores, trazemos para o poema. Mas, se somos nós que investimos um significado no poema, não poderíamos atribuir a ele o que bem entendermos? Nesse caso, como o poema poderia nos surpreender ou nos dar a sensação de que ele resiste à nossa leitura? Existe aí uma analogia com a ideia de que a vida é o que fazemos dela. Quer dizer que só extraímos da vida o que nela pomos? "Em última instância", escreve Nietzsche, "o homem só encontra nas coisas o que nelas inseriu."[2] Se é assim, e sua vida lhe parece vazia, por que não a preenche, como fazemos com uma geladeira? Por que lamentar essa situação aos brados, se a solução parece tão fácil? Essa teoria do significado tem uma forte coloração narcisista. Não conseguiríamos sair de nossa própria cabeça? Mas o que é o sentido genuíno, senão aquele que se contrapõe a nós, que resiste a nós e nos repele? Se é que a vida tem um sentido, por certo não há de ser algo que projetamos nela a esmo. O que teria a vida a dizer a esse respeito?

Veremos num instante como a vida pode resistir ao que tentamos impor a ela. Por ora, examinemos mais de perto a ideia de que haveria sentido num poema. Dizer que o sentido de uma frase qualquer se encontra nas palavras é reiterar que numa língua as palavras têm um significado consentido. É uma determinação muito mais profunda do que aquela que *eu* poderia atribuir a elas, pois está ligada ao compartilhamento de todo um modo de vida. O fato de haver consentimento não quer dizer que não possamos discutir o significado das

---

2 Nietzsche, *Vontade de poder*, p.327.

O SENTIDO DA VIDA

palavras em contextos particulares. Em todo caso, não estão em questão significados arbitrários. Pois tais significados só se encontram nas palavras por causa de convenções sociais, que estabelecem, por exemplo, que na língua inglesa as letras *d-a-y* signifiquem dia, palavra aplicada ao período de tempo que escoa entre o nascer e o pôr do sol. Vistas de fora, essas convenções são, por certo, arbitrárias, como mostra, por exemplo, a comparação entre essas letras da palavra em inglês e aquelas da palavra em português. Mas, vistas de dentro, deixam de sê-lo, e valem tanto quanto as regras do xadrez para o jogo de xadrez.

Dizer que há um significado "inerente" que se encontra, de alguma maneira, inscrito nas próprias coisas ou situações e não é atribuído a elas, é um jeito capcioso de falar, mas não inteiramente desprovido de sentido. Por exemplo, é possível dizer que alguns objetos exprimem ou incorporam mensagens em sua própria materialidade. O caso mais conspícuo é o da obra de arte: o que é estranho a seu respeito é que tais objetos são, a um só tempo, materiais e significativos. No início deste ensaio eu disse que um objeto como um cardiógrafo não é significante em si mesmo, e que o sentido é, por isso, uma questão de linguagem, não de coisas. Mas, como o cardiógrafo é um artefato, diferente, por exemplo, de um repolho, pode-se afirmar que existe um significado, e há uma intenção inscrita nele. Pois ele tem, afinal, uma função particular no mundo médico, e essa função independe de quaisquer outras que lhe venham a ser atribuídas. Posso utilizá-lo para escancarar a janela num dia escaldante, ou manejá-lo, com invejável

{93}

destreza, para lutar contra um maníaco assassino, mas ele continua a ser um cardiógrafo.

Para os que creem em Deus ou numa força inteligente por trás do universo, a vida tem significados e propósitos inerentes, e é, em si mesma, um artefato. É verdade que, sob muitos aspectos, é uma obra bastante capenga, que parece ter sido realizada pelo artista num momento pouco inspirado. Mas cabe falar, a propósito, de um sentido inerente, tal como diríamos de uma poltrona. Dizer que uma poltrona é algo "intencional" não implica a sugestão de que ela nutre planos secretos, apenas que ela é estruturada com o propósito de propiciar certos efeitos, por exemplo, que as pessoas se sentem nela. É um sentido, é uma função independente de outra que eu venha a lhe dar; mas é um sentido humano, a cadeira é tal como é porque alguém a desenhou assim.

Quando nos perguntamos se uma situação particular configura, digamos, um caso de racismo, a pergunta incide sobre a situação, e, portanto, extrapola a maneira como nos sentimos a seu respeito ou a linguagem que utilizamos para descrevê-la. Dizer que sentidos como *preconceito* e *discriminação* seriam inerentes à situação é apenas afirmar, de maneira pretensiosa, que a situação é de fato racista. Se não entendermos que é assim, e pensarmos, por exemplo, que o termo *racismo* implica um conjunto de significados subjetivos que impomos aos fatos, não veremos a situação tal como ela se dá. Descrevê-la sem utilizar termos como *discriminação* – tentando, por exemplo, se isentar de toda valoração – é não entender o que está em jogo. Seria uma descrição equivocada, não apenas uma valoração equivocada. O que não quer dizer que o significado da situação seja óbvio. Pode ser impossível determinar ao certo se ela é racista ou não. É o que as pessoas querem dizer quando afirmam que é possível representá-la de maneiras diversas e conflitantes. Palavras como *racismo* incorporam intepretações discutíveis. Mas o que está em questão é a verdade da situação, não o sentido das interpretações que damos a ela.

Vejamos a questão pelo outro lado. Perguntemo-nos agora não o que seria um sentido "inerente", mas o que significa afirmar que sentidos são o que queremos que o mundo seja. Poderíamos fazer que ele seja qualquer coisa? É certo que não. Ninguém acredita nisso, mesmo porque todos concordam que nossas interpretações às vezes são equivocadas. As razões que as pessoas encontram para explicar por que isso acontece não são as mesmas, mas todos concordam que não teria muito efeito uma ideia de tigre como um animal manso. Para começar, se nos portássemos de acordo com essa ideia, dificilmente sobreviveríamos para confirmá-la.* De resto, não faltariam aqueles para dizer que essa interpretação não coaduna com outras que temos, ou que essa concepção de tigre nos impediria de fazer coisas interessantes, como evitar sua presença ou fugir dele quando nos mostra suas presas. Teóricos realistas, por seu turno, poderiam alegar que, se não podemos afirmar

---

* Uma situação similar é abordada por Werner Herzog no documentário *O homem urso* (2005). (N. T.)

que os tigres são mansos, é porque eles não o são. Como sabemos que isso é verdade? Há fortes evidências de que os tigres não são mansos, e elas nos são fornecidas por um mundo que independe de nossas interpretações a seu respeito. Mas, qualquer que seja a posição a respeito, parece certo que a distinção entre "inerente" e "atribuído", embora útil para alguns propósitos, não serve a outros. Para começar, muitos significados ditos inerentes, como as noções pagãs de Destino, o caminho cristão para a Salvação, ou ainda a Ideia de Hegel, implicam que as pessoas deem um sentido à sua vida. Nessa concepção, os homens e as mulheres são mais que marionetes de uma Verdade grandiosa, como pensava Schopenhauer. *Há* uma verdade em cada um desses casos; mas, sem que os homens e as mulheres participem, ela não poderá se mostrar. Parte do destino trágico de Édipo vem do fato de que ele contribui ativamente, embora às cegas, para sua própria desgraça. Para a fé cristã, o reino de Deus só poderá chegar se os seres humanos cooperarem para sua criação, o que de resto está implícito na própria ideia de reino. Para Hegel, a razão se realiza na história, por meio de ações genuinamente livres dos indivíduos; e se torna tão mais real quanto mais livres eles forem. Narrativas grandiosas como essas suprimem a distinção entre liberdade e necessidade, entre forjar sentidos próprios e se abrir a outros, dados no mundo.

Todo significado é um ato humano, e os sentidos ditos "inerentes" são os atos que captam uma verdade relativa ao que está em questão. O mundo não se divide entre os que creem que os sentidos são "inerentes" às coisas, como o fato de que meu apêndice se encontra em meu abdômen, e os que pensam que ter um apêndice faz parte da "construção social" do corpo humano. "Construções" desse estilo são como uma conversa de mão única com o mundo, na qual, um pouco como os americanos no Iraque, nós dizemos a ele o que ele é ou deveria ser. O sentido é um produto de nossas transações com o real. Textos e leitores dependem mutuamente uns dos outros.

Voltemos ao nosso esquema de pergunta e resposta: podemos colocar questões para o mundo, mas elas serão nossas, e não dele. E, se as respostas que o mundo nos oferece são instrutivas, é precisamente porque a realidade é mais do que nossas questões antecipam. Ela excede nossas interpretações, e vez por outra as recebe com um gesto rude ou mesmo violento. O sentido é algo que as pessoas fabricam; mas o fazem em diálogo com um mundo determinado cujas leis elas não inventam, e, para que seus sentidos tenham algum valor, elas devem respeitar a textura desse mundo. Reconhecer que é assim é cultivar certa humildade, que não coaduna com o axioma construtivista de que o sentido nos pertence exclusivamente. Essa noção superficialmente radical conspira, na verdade, com a ideologia ocidental de que o que importa são os fins que impomos ao mundo e que servem a nossos fins.

Shakespeare estava atento a essas questões, como mostra este diálogo sobre o mérito de Helena de Troia, extraído de *Troilo e Créssida* (ato 2, cena 2):

TROILO: Nada vale mais do que o preço que nós próprios damos.
HEITOR: Mas não depende esse valor apenas
da vontade pessoal. A dignidade
de um objeto e seu preço se regulam
pelo valor [...][3]

Troilo é um tipo existencialista, para quem as coisas não têm em si mesmas nem sentido nem valor, adquirindo-os por meio da energia humana aplicada a elas. A seus olhos, Helena é preciosa por ter sido a causa de uma guerra gloriosa, e não o contrário: ela não causou a guerra por ser preciosa. Heitor, menos exaltado, sustenta uma teoria do valor intrínseco: a seus olhos, o valor é um amálgama entre o dado e o criado. As coisas têm um valor, alto ou não, e são preciosas ou indignas, por si mesmas. Em certa medida, ele tem razão: saúde, paz, justiça, amor, felicidade, humor, perdão etc. são candidatos à categoria do que tem valor intrínseco, assim como outras coisas de que precisamos para sobreviver, como comida, água, proteção e abrigo. Mas, muito do que Heitor tem na conta de intrinsecamente valioso – como o ouro, por exemplo – só tem valor devido a um consentimento comum. Shakespeare está ciente dos paralelos entre valor e sentido. Suas peças tratam amiúde da questão do sentido como algo inato ou relativo. Afinal, ele viveu num momento histórico de transição, de uma fé no inato a uma crença no relativo, e seu teatro liga esse importante deslocamento a outro, de natureza econômica, dos

---

3 Tradução de Carlos Alberto Nunes. (N. T.)

O SENTIDO DA VIDA

valores intrínsecos dos objetos aos valores de troca gerados por forças de mercado.[4]

A querela entre os partidários da inerência e os construtivistas é anterior à época de Shakespeare. Num estudo esclarecedor, Frank Farrell a remonta ao período medieval, e ao conflito entre as teologias católica e protestante.[5] O problema é que, se Deus for todo-poderoso, o mundo não pode ter sentidos inerentes ou essenciais, pois isso necessariamente restringiria sua liberdade de ação: a criação não deve resistir ao Criador; ela não pode ter uma mente ou ser autônoma. Por isso, a única maneira de garantir a liberdade e a onipotência de Deus é privar o mundo de um sentido inerente. Para alguns pensadores protestantes, a realidade teria de perder a densidade que lhe fora dada por teólogos como Tomás de Aquino, teria de se tornar radicalmente indeterminada e submetida aos caprichos do Criador. Deus não teria de levar em consideração o fato, digamos, de que uma mulher é uma mulher, e poderia muito bem fazer que ela se comportasse como um ouriço, se o quisesse. O mundo se torna, como para os pós-modernos, uma enorme cirurgia plástica.

A ideia de essência, ou de que as coisas, incluindo os seres humanos, teriam uma natureza determinada, estava banida; caso contrário, seria um obstáculo ao supremo poder de Deus. Os "realistas" que acreditassem em naturezas determinadas

---

4 Ver a discussão que proponho em meu *William Shakespeare*.
5 Ver Farrell, *Subjectivity, Realism and Postmodernism*.

estariam desafiando abertamente os "nominalistas", que as viam como ficções verbais, que, assim como o antiessencialismo contemporâneo, vai de mãos dadas com certo voluntarismo, um culto da vontade. Com a supressão das naturezas determinadas, a vontade arbitrária de Deus se torna plena: se as coisas são o que são, é porque ele decretou que assim o fossem, e não porque o sejam em si mesmas. O pós-modernismo é igual, com a diferença de que põe os humanos no lugar de Deus. A realidade é tal como a fabricamos.

O voluntarista considera a tortura moralmente errada porque Deus assim determinou, não porque ela o seja por si mesma. Nada é certo ou errado em si mesmo; Deus poderia facilmente ter decretado que estaríamos errados se não torturássemos uns aos outros. Suas decisões não têm uma razão, pois sua liberdade de ação é irrestrita. O antiessencialismo é no fundo um irracionalismo. Deus, a exemplo de todos os tiranos, é um anarquista, para o qual não há lei ou razão. Ele é a fonte de sua própria lei e razão, que servem ao seu poder. A tortura poderia ser permitida, caso servisse a seus propósitos. Não é difícil identificar em nossa realidade política quais são os herdeiros dessas doutrinas.

Mas purgar o mundo de essências pode ser insuficiente para abrir caminho à vontade irrestrita. E se o próprio eu desaparecesse? Pois, se o eu não tem uma natureza determinada, sua vontade e iniciativa estarão fatalmente comprometidas. No momento de seu triunfo supremo, torna-se vazio. A novidade, não há sentido dado, é estonteante e, ao mesmo tempo,

O SENTIDO DA VIDA

alarmante. O eu individual substituiu Deus como supremo legislador; mas, tal como Deus, parece legislar no vácuo. Seus decretos são tão arbitrários e sem sentido quanto os mandamentos divinos. Em questões morais, essa situação é por vezes chamada de decisionismo: o infanticídio é errado porque decisões morais foram tomadas, e delas se segue essa interdição. Como observou Nietzsche, "filósofos genuínos são comandantes e legisladores, que não hesitam em dizer, *que assim seja!*".[6] Solitário e triunfante, o eu se tornou, num mundo privado de sentido inerente, a única fonte de sentido e valor. Mas essa falta de sentido parece ter se imiscuído em seu santuário: como o Todo-Poderoso, o eu é livre para escrever o sentido no papel em branco do cosmos, mas, como não há razão objetiva para que ele atue dessa e não de outra maneira, é uma liberdade inócua que se devora a si mesma. A própria humanidade se tornou um absurdo.

O eu protestante não se sente em casa neste mundo. Foram-se os elos preexistentes entre ele e o mundo. Como a realidade não tem um sentido inerente, o eu não encontra um reflexo de si na realidade, que tem uma índole completamente diferente da sua. Não demora para que uma sombra de dúvida venha a pairar sobre sua própria existência, privado que está de tudo de externo que possa confirmar sua identidade. A única fonte de sentido no mundo é o homem, mas o mundo deu as

---

6 Nietzsche, *Para além de bem e mal*. In: Kaufmann (ed.), *Basic Writings of Nietzsche*, p.326.

{101}

costas para essa fabricação de sentido que se tornou arbitrária e gratuita. E, como não há mais sentido ou lógica nas coisas, tampouco há nelas uma previsibilidade. O eu protestante se move assustado num mundo sombrio de forças aleatórias, acossado por um Deus escondido, e incerto de sua própria salvação. Tudo isso trouxe, ao mesmo tempo, uma enorme liberação. Não havia mais uma única maneira certa de ler a realidade. Os sacerdotes perderam o monopólio da chave do reino do sentido. A liberdade de interpretação se tornou possível. Os homens e as mulheres não precisavam se dobrar a sentidos previamente inscritos por Deus neste mundo. O texto sagrado do universo, em que os elementos físicos eram signos alegóricos de verdades espirituais, deram lugar, gradativamente, a um roteiro secular. Despojada de sentidos pré-fabricados, a realidade podia agora ser construída a partir das necessidades e dos desejos da humanidade. Sentidos previamente estabelecidos foram afrouxados, combinando-se na imaginação de maneiras inusitadas. Não por acaso, a ciência da hermenêutica, ou interpretação, foi inventada justamente por um pastor protestante, o alemão Friedrich Schleiermacher. E pode-se argumentar que essa visão tem profundas raízes nas Escrituras. Em Gênesis 2,19: "Iahweh Deus modelou então, do solo, todas as feras selvagens e todas as aves do céu e as conduziu ao homem para ver como ele as chamaria: cada qual devia levar o nome que o homem lhe desse".[7] Dado que o ato da nomeação,

---

7 Bíblia de Jerusalém (Edições Paulinas, 2002). (N. T.)

na cultura hebraica antiga, é um ato de criação e invenção, a humanidade é a fonte do sentido, enquanto Jeová é a fonte do ser. Deus cria os animais e os apresenta ao homem, que faz deles o que bem entende.

Seria esse espírito protestante vagando nas trevas um motivo de preocupação para os que creem que a vida é o que cada um faz dela? Sim e não. Não, no sentido de que é perfeitamente razoável querer dar um sentido à vida; sim, como um alerta para que não se pense que é possível dar à vida um sentido qualquer que nos venha à cabeça. Cabe a cada um justificar suas escolhas diante do tribunal da opinião comum, e não bastará dizer uma bobagem qualquer, como "para mim, o sentido da vida está em tomar barbitúricos", e achar que isso é o suficiente.

Tampouco se trata de uma questão de criação *ex nihilo*. Seres humanos se determinam a si mesmos, mas dependem profundamente da natureza, do mundo, e uns dos outros. Qualquer que seja o sentido que eu dê à minha vida, ela é constrangida por essa dependência. Somos incapazes de começar do zero. Não se trata de extirpar sentidos dados por Deus para forjar os nossos próprios, como pensava Nietzsche. Pois, onde quer que nos encontremos, estamos profundamente imersos em sentido, enredados em sentidos alheios a nós, que não escolhemos e que nos são impostos por outros, mas que, mesmo assim, fornecem a matriz a partir da qual damos um sentido a nós e ao mundo. Nessa medida, a ideia de que eu poderia determinar o sentido de minha própria vida é mera ilusão.

O que cada um pode fazer de sua vida é limitado não apenas pelo que os outros fazem das suas, mas também pelos fatores de existência decorrentes do fato de sermos membros de uma espécie natural, e que são, diga-se de passagem, os mais óbvios na natureza material de nosso corpo. Não pode ser parte do sentido da vida a ideia de que todos deveriam se jogar pelos ares três vezes ao dia. Qualquer plano de vida que não inclua as realidades do parentesco, da sociabilidade, da sexualidade, da morte, da diversão, da alegria, da doença, do trabalho, e assim por diante, não nos leva muito longe. É verdade que esses aspectos universais da vida humana são vivenciados de forma variada em diferentes culturas; mas é digno de nota o peso que eles têm na existência individual de cada um. Muitas das características centrais da vida pessoal não são, em absoluto, pessoais. Boa parte de nossa natureza, que é animal, é predeterminada, a começar pelo modo como adquirimos a razão. Pois nossa maneira de raciocinar está em estreita conexão com nossa animalidade.[8] É o que Wittgenstein tem em mente quando afirma que, se um leão pudesse falar, não entenderíamos o que ele diria. Se o sentido da vida me diz respeito, é porque diz respeito ao meu corpo material e à pertença à espécie, como veremos no capítulo seguinte.

---

8 Ver MacIntyre, *Dependent Rational Animals*.

Capítulo 4
A vida é o que fazemos dela?

Até aqui nos detivemos mais sobre o sentido do que sobre a vida. Mas a palavra "vida" é tão problemática quanto a palavra "sentido", e logo se vê o motivo. Pois, se não podemos falar em sentido da vida, é certamente porque a "vida" não existe. Mas não seríamos vítimas, com isso, de nossa gramática, que gera a palavra "vida" no singular, assim como gera a palavra "tomate"? Talvez só tenhamos a palavra "vida" porque nossa linguagem é intrinsecamente reificadora. A essência é exprimida pela gramática, observa Wittgenstein.[1] Como absorver numa mesma e única rubrica tudo o que se dá entre o nascimento e a morte? Não é a ilusão do paranoico, para quem tudo ecoa em tudo, concatenando-se num todo translúcido e opressor? Ou a da filosofia, que, como notou Freud, não sem maldade, é o que há de mais próximo da paranoia? Nem toda vida individual forma um todo. É verdade que algumas pessoas veem sua própria vida como uma elegante narrativa, do prólogo ao epílogo, mas nem todas pensam assim. Como poderiam milhões

---

1 Wittgenstein, *Investigações filosóficas*, §371.

de vidas individuais formar um todo, se cada uma delas, em si mesma, não forma um todo particular? A vida é tão amorfa que nem constitui um enigma. A expressão "sentido da vida" pode significar sua soma final, e, nesse caso, o nascimento e a dança folclórica teriam de ser vistos como aspectos de uma mesma totalidade significante. É algo que não esperaríamos nem mesmo da mais integrada obra de arte. A mais grandiosa narrativa histórica não poderia alegar que dá conta de absolutamente tudo. O marxismo nada tem a dizer sobre as glândulas anais dos mamíferos, silêncio que ele não considera um defeito. Os budistas não têm uma posição oficial sobre as cachoeiras de West Yorkshire. É altamente improvável que tudo na vida humana integre um padrão coerente. Qual seria então o significado da expressão "sentido da vida"? Não seria *o significado essencial* da vida? Uma declaração como "o sofrimento é o sentido da vida" sugere não tanto que a vida como um todo é sofrimento, e sim que ele é sua parte mais significante ou fundamental; e quem sabe se, seguindo-se esse fio, o desenho como um todo não se revelará?

Existe um fenômeno chamado "vida humana" que seja portador de um sentido coerente? As pessoas às vezes falam como se ele existisse. A vida é uma corrida, uma merda, uma festa, um vale de lágrimas, um leito de rosas: são rótulos desgastados, e seria temerário erguer um argumento sobre eles. Mas o pressuposto de que todas as metadeclarações sobre a vida humana são inócuas também é inócuo. Não é verdade que apenas o concreto e o particular têm força. Que se tome, por exemplo, a

O SENTIDO DA VIDA

afirmação de que todos os homens e mulheres que um dia existiram viveram vidas infrutíferas, de labuta e sofrimento. É uma declaração mais perturbadora do que seria outra, que dissesse que isso só se aplica aos habitantes do estado de Delaware. Talvez seja impossível fazer generalizações inteligentes sobre a vida humana, pois, para tanto, teríamos de nos posicionar fora dela. Seria como se tentássemos deixar nossa própria pele. Alguém alheio à existência humana, Deus, por exemplo, teria como examiná-la como um todo e decidir seu valor?[2] É um argumento como o que Nietzsche utiliza em *Crepúsculo dos ídolos*: a vida não pode ser julgada nem valiosa nem desprovida de valor, pois o critério para a decisão faria parte da própria vida. Mas isso é questionável. Não é preciso se situar fora da existência humana para fazer comentários pertinentes a seu respeito, assim como não é preciso estar na Nova Zelândia para criticar a sociedade britânica como um todo. É verdade que nunca ninguém viu a sociedade britânica como um todo, assim como nunca ninguém pousou os olhos sobre o movimento dos escoteiros como um todo; mas, em ambos os casos, podemos fazer inferências das parcelas de realidade que conhecemos para aquelas que não conhecemos. Não é necessário ver tudo, apenas o que é típico, separando-o do que não é.

---

2 John Cottingham parece endossar essa posição em seu livro *On the Meaning of Life* (London, 2003), e recruta o *Tractatus* de Wittgenstein em sua defesa. Mas, para o Wittgenstein do *Tractatus*, não é apenas o sentido da vida que excede os limites do que é cognoscível, mas a própria subjetividade enquanto tal.

{107}

Se há generalizações válidas sobre a humanidade, é porque, entre outras coisas, os seres humanos pertencem a uma mesma espécie natural e têm muito em comum. Não queremos com isso suprimir as enormes diferenças e distinções politicamente explosivas entre eles. Mas os pensadores pós-modernos enamorados das diferenças e que detestam a uniformidade fariam mal em negligenciar nossas características comuns. As diferenças entre os seres humanos são vitais, mas não são suficientemente sólidas para servir como base a uma ética ou a uma política.

E, mesmo que não caiba falar de condição humana em 1500, certamente é possível fazê-lo no século XXI. Os que pensam que a ideia é censurável nunca ouviram falar em globalização. O capitalismo transnacional ajudou a unificar a humanidade. O que temos em comum é a determinação de sobreviver em face de várias ameaças à nossa existência, vindas de todos os lados. Em certo sentido, os que negam a realidade da condição humana negam também o aquecimento global. O que seria mais eficaz para unir a espécie do que a perspectiva de sua extinção? Encontramo-nos, por fim, na morte.

Se o sentido da vida se encontra numa finalidade comum a todos os seres humanos, parece não haver dúvida de qual ele seria: todos querem ser felizes. A palavra "felicidade" tem conotações um pouco ridículas, evoca uma ideia de acampamento de juventude ou de férias na praia. Mas, como afirma Aristóteles na *Ética a Nicômaco*, ela opera como uma referência na vida humana, de modo que não é sensato se perguntar *por que* queremos tanto ser felizes. A felicidade não é um meio para um

O SENTIDO DA VIDA

fim, como o dinheiro ou o poder. Tem mais a ver com o desejo de ser respeitado. Querer ser feliz parece ser parte de nossa natureza. Encontramos assim uma espécie de termo fundamental. O problema é que ele é indeterminado ao extremo: a ideia de felicidade é a um só tempo vital e inócua. O que conta como felicidade? Assustar velhinhas? Alguém que queira se tornar atriz pode perder horas indo a testes e vivendo de migalhas. Na maior parte do tempo, sente-se ansiosa, deprimida e com fome. Não é uma pessoa que chamaríamos de feliz; sua vida não é prazerosa ou confortável. Mas ela está pronta para sacrificar sua felicidade em nome da felicidade.

A felicidade costuma ser vista como um estado de espírito. Mas Aristóteles não pensa assim. O termo que ele emprega para felicidade costuma ser traduzido por bem-estar, e poderia ser chamado de uma condição da alma, o que envolve, mais do que a condição interna de um ser, a disposição a se comportar de determinada maneira. Como observa por seu turno Wittgenstein, a melhor imagem da alma é o corpo. Se quisermos observar o espírito de uma pessoa, vejamos o que ela faz. Para Aristóteles, a felicidade é obtida mediante a virtude, que é uma prática social e não uma atitude intelectual. A felicidade diz respeito à prática da vida, não a um contentamento privado. Com base nessa teoria, é possível observar a conduta de alguém por um tempo e exclamar, "esse cara é feliz!". A felicidade não é, para Aristóteles, uma disposição interna que pode ou não se concretizar em certas ações, mas um modo de agir que cria certas disposições.

{109}

Figura 9. Uma estátua do filósofo grego Aristóteles.

O SENTIDO DA VIDA

É um problema que escapa por inteiro a Julian Baggini em seu livro *What's It All About?* Para mostrar que a felicidade não é tudo na vida, ele nos convida a considerar a seguinte situação: tendo decidido buscar pela felicidade, deparamo-nos com um homem que se afoga em areia movediça; certamente, preferiremos suspender a busca e salvá-lo a deixá-lo à própria sorte.[3] Esse jeito de falar é sintomático: a felicidade aparece aí como uma busca individual, como se fosse uma noite divertida com os amigos. É quase como se felicidade se resumisse a prazer: e, como resgatar uma pessoa da areia movediça não é agradável, certamente não é parte da felicidade. Na verdade, Baggini, a exemplo da maioria dos filósofos, termina por reconhecer que o prazer é uma sensação passageira, enquanto a felicidade é uma condição duradoura da nossa existência. É possível sentir um prazer intenso, sem se sentir feliz; e, assim, como é possível sentir-se feliz por razões dúbias (como pregar peças em velhinhas, por exemplo), também é possível desfrutar de prazeres pouco recomendáveis, como jubilar-se da má sorte de um inimigo.

Com isso, uma objeção ao exemplo de Baggini se torna óbvia: não poderia ser o ato de resgatar uma pessoa da areia movediça *uma parte* da felicidade de alguém, e não, como ele sugere, um desvio em relação a ela? É algo tão evidente, que só poderia escapar a um filósofo que concebe a felicidade em termos de prazer, e não em termos aristotélicos de bem-estar.

---

3 Julian Baggini, *What's It All About?* (Londres, 2004).

Para Aristóteles, a felicidade está atrelada à prática da virtude, e, embora ele nada tenha a dizer, em particular, sobre salvar pessoas que se afogam em areia movediça, seu discípulo cristão, Tomás de Aquino, certamente veria aí um exemplo de bem-estar; ou melhor: seria um exemplo de amor, algo que, em sua doutrina, não tem nada de contrário à felicidade. Aos olhos de Aristóteles, pessoas virtuosas são aquelas que sentem prazer com a prática do bem, enquanto as que praticam o bem, mas não sentem prazer ao fazê-lo, não contam como verdadeiramente virtuosas. Quanto ao prazer bestial e dissoluto, ele o vê em acentuado contraste com a felicidade.

A concepção de Baggini, estranha ao aristotelismo, fica ainda mais clara num exemplo que ele toma de Robert Nozick. Suponha que você se encontra conectado a uma máquina, como, digamos, o supercomputador do filme *Matrix*, que lhe propiciasse uma experiência virtual da mais completa e irrestrita felicidade. A maioria das pessoas, supõe-se, rejeitaria essa oferta sedutora, simplesmente por não ser realista. Cada um de nós quer viver sua vida de maneira autêntica, sem farsas, ciente de que é o autor de sua própria existência e de que sua plenitude é resultado de um esforço próprio, não de uma manipulação alheia. Baggini pensa que a maioria das pessoas de fato rejeitaria a máquina da felicidade, e precisamente por essas razões, e quanto a isso estamos de acordo. Mais uma vez, no entanto, ele nos oferece uma a ideia de felicidade estranha à tradição aristotélica: trata-se para Baggini de um estado de consciência, não de um modo de vida. É uma concepção tipicamente moderna,

O SENTIDO DA VIDA

que Aristóteles julgaria incompreensível, se não censurável. Para o filósofo grego, por certo, seria impossível ser feliz sentando-se numa máquina pela vida inteira; mas não porque sua experiência se tornaria uma questão de simulação e não de realidade, mas porque o bem-estar requer uma forma de vida prática, social. Para Aristóteles, a felicidade não é uma disposição que se consumaria em certas ações, mas uma maneira de agir que engendra certas disposições.

Aos olhos de Aristóteles, a razão por que você não seria realmente feliz ao se sentar em uma máquina por toda a sua vida é exatamente a mesma que o impediria de ser totalmente feliz se confinado a uma cadeira de rodas ou a um pulmão de aço. Isso não quer dizer, evidentemente, que o deficiente não possa alcançar um significativo sentimento de autorrealização, tanto quanto qualquer um; simplesmente que está impedido de concretizar algumas competências e habilidades. Tal concretização, conforme a própria definição, um tanto específica, de Aristóteles, é um dos constituintes da felicidade ou bem-estar individual. Mesmo assim, o corrente e insincero costume de se negar que o deficiente é realmente deficiente – um autoengano especialmente difundido nos Estados Unidos, onde a fragilidade é embaraçosa e onde nada menos que o sucesso é admissível – é forma de hipocrisia semelhante ao hábito vitoriano de se negar que os pobres eram muito provavelmente infelizes. Isso se insere na ampla desaprovação ocidental a verdades desconfortáveis, uma pulsão a se varrer o sofrimento para debaixo do tapete.

{113}

Sacrificar a própria felicidade em nome de outrem é, provavelmente, a atitude moral mais admirável que se poderia imaginar, mas isso não significa que seja a forma de amor mais comum ou mais desejável. Não é mais desejável, pois é triste que seja necessária; e não é mais comum, pois, como mostrarei mais à frente, a forma de amor mais desejável requer reciprocidade. Alguém pode amar tanto a seus filhos que estaria pronto para morrer por eles; mas, como o amor em sua plena extensão é algo que as crianças ainda não aprenderam, esse amor não poderia ser o protótipo do amor humano, não mais que uma relação qualquer, por exemplo, o afeto que alguém sente por seu velho e fiel mordomo. Em ambos os casos, a relação é desigual demais para servir como modelo.

Para Aristóteles, a felicidade ou bem-estar requer a plenitude criativa das faculdades tipicamente humanas. Diz respeito ao que uma pessoa faz, tanto quanto ao que ela é, e não existe em isolamento, no que difere da busca pelo prazer. As virtudes aristotélicas são, em grande parte, virtudes sociais. A ideia da realização de si mesmo tem algo de viril, como se se tratasse de uma espécie de ginástica espiritual. Mas, na verdade, o protótipo aristotélico da "alma elevada" é mais ou menos o seguinte: um próspero cavalheiro ateniense, que desconhece o fracasso, a perda e a tragédia – que não interessa aqui, curiosamente, ao autor de um dos maiores tratados sobre esse tema. O bom homem de Aristóteles está mais para um Bill Gates do que para um são Francisco. Mas o filósofo não está interessado no sucesso à maneira daquele do homem de

O SENTIDO DA VIDA

negócios ou do político, mas, unicamente, enquanto condição humana. Para Aristóteles, temos de nos tornar bons em ser humanos, e as pessoas virtuosas têm uma técnica virtuosa de viver. Mesmo assim, falta algo a uma teoria da felicidade na qual a ideia de uma mulher feliz, por exemplo, é uma contradição em termos; sem mencionar a ideia de fracasso moral.

Para Karl Marx, que foi um filósofo moral de extração aristotélica, a realização plena de si mesmo envolve ainda, digamos, ouvir um quarteto de cordas ou saborear um pêssego. Talvez o termo "plenitude" soe menos estridente do que "realização": a felicidade é então uma questão de plenitude, o que não se deve confundir com a ideologia, esposada pelos escoteiros e pelo duque de Edimburgo [o príncipe Philip], da vida como uma série de obstáculos a ser superados, e de condecorações a ser trazidas na lapela. Para Marx, as conquistas têm sentido no contexto qualitativo de uma vida inteira, e não como um acúmulo de feitos esporádicos.

Via de regra, as pessoas ou se sentem felizes ou não, e costumam estar cientes desse fato. Faríamos mal em menosprezar a influência da falsa consciência. Um escravo pode ser convencido de que é feliz, quando seu comportamento trai o contrário. Não nos faltam dispositivos para racionalizar nossa maldade. Mas quando, por exemplo, 92% da população da Irlanda se diz feliz, não há muito o que fazer, senão acreditar no que dizem. É verdade que os irlandeses têm uma tradição de ser gentis com estranhos, e talvez estejam dizendo aos pesquisadores que são felizes para que estes também se sintam felizes. Mas não há por que não nos fiarmos em suas palavras. No caso da felicidade aristotélica, os perigos de nos iludirmos a respeito de nós mesmos são mais graves. Pois como saber que se vive uma vida realmente virtuosa? Talvez um amigo ou um observador sejam juízes mais imparciais. É possível que Aristóteles tenha escrito livros sobre ética para que as pessoas se dessem conta do que de fato se considera como felicidade, contrapondo-se à falsa consciência, tão comum a esse respeito. Isso explicaria por que ele recomenda uma finalidade que todos os homens e mulheres perseguem, independentemente dos filósofos.

A felicidade é um estado de espírito, mas depende das circunstâncias materiais. É possível ser feliz a despeito dessas circunstâncias, como sugeriram Espinosa e os estoicos antigos. Mas é altamente improvável que seja possível ser contente vivendo num campo de refugiados insalubre e superlotado, sendo que seus filhos morreram num desastre natural. Isso é ainda mais óbvio de uma perspectiva aristotélica. Alguém só pode ser corajoso, honrado e generoso se for um agente minimamente livre, que vive em condições políticas propícias ao fomento dessas virtudes. Por isso, Aristóteles vê a ética e a política como indissociáveis. A boa vida requer um estado político de espécie particular – ou, em sua opinião, que tenha escravos e mulheres que executem o trabalho pesado, deixando os cidadãos livres para a busca pela excelência. A felicidade e o bem-estar são questões institucionais, que exigem condições sociais e políticas em que se tenha liberdade para o exercício da

O SENTIDO DA VIDA

criatividade. Isso não é tão evidente quando se concebe a felicidade à maneira dos liberais, como, principalmente, uma questão interna ou individual. A felicidade como estado de espírito requer tranquilidade, mas não condições políticas particulares. Portanto, a felicidade pode ser o sentido da vida, mas o que ela é permanece em aberto. Exemplificando: como vimos, há pessoas que se dizem felizes porque se comportam de maneira lamentável; outras diriam mesmo que são felizes por ser infelizes. Em outras palavras, o masoquismo há de ser levado em conta nessa questão. Quanto ao comportamento lamentável, a vida de alguém pode ter sentido, por ser ordenada e coerente, pautada por objetivos bem definidos, e, ao mesmo tempo, ser esquálida quanto ao conteúdo moral. Os dois aspectos podem, inclusive, estar relacionados. Dito isso, é claro que existem outros candidatos a sentido da vida além da felicidade: poder, amor, honra, verdade, prazer, liberdade, razão, autonomia, o Estado, a nação, Deus, o sacrifício de si mesmo, a contemplação, viver segundo a Natureza, a maior felicidade do maior número, a renúncia, a morte, o desejo, o sucesso, o respeito alheio, a multiplicação de experiências, umas boas risadas, e assim por diante. Para a maioria das pessoas, a vida é feita na prática, embora nem sempre em teoria, de relações significativas com pessoas próximas delas, como parceiros e filhos.

Poderíamos considerar alguns desses candidatos demasiado triviais para contar como sentido da vida. Poder e riqueza são obviamente instrumentais, e tudo o que tem esse caráter é privado da qualidade que parece mais essencial ao

{117}

sentido da vida, pois existe em função de algo para além de si mesmo. Nem tudo que é instrumental é inferior: a liberdade, ao menos em certas definições, é instrumental, mas todos concordam que ela é preciosa. É duvidoso que o poder seja o sentido da vida. Mas é um recurso humano valioso, como bem sabem os que não o têm. Assim como no caso da riqueza, apenas os que desfrutam dele podem desdenhá-lo. Tudo depende de quem exerce o poder, para quais propósitos e em quais situações. Em todo caso, tem um caráter mais autorreferente do que a riqueza, desde que tomemos a palavra *poder* em sentido nietzschiano, mais próximo da realização de si mesmo do que da dominação (embora não exclua esse último aspecto). A vontade de poder de que fala Nietzsche é uma tendência que todas as coisas têm de se efetivar, de se expandir e crescer, e é razoável ver aí um fim em si mesmo, assim como Aristóteles considera o florescimento das capacidades humanas como um fim em si mesmo. Espinosa via o poder à maneira de Nietzsche.

O problema é que nessa visão, tingida em Nietzsche por um darwinismo social, a incessante proliferação de poderes implica o poder como dominação, e cada forma de vida luta para subjugar as demais. Os que tendem a ver o poder de dominação como um fim em si mesmo não devem se esquecer das monstruosas figuras de tantos proprietários de meios de comunicação, homens trapaceiros e chantageadores cujo corpo às vezes espelha a obscena imagem de sua alma — penso aqui em particular na pessoa de Robert Maxwell, um

O SENTIDO DA VIDA

trapaceiro e chantagista cujo corpo era imagem obscena de sua alma.* Quanto à riqueza, vivemos numa civilização que nega que ela seja um fim em si mesmo, embora a trate exatamente como tal. Um dos traços mais distintivos do capitalismo é que ele nos compele a voltar a maioria de nossas energias criativas para questões de caráter utilitário: os meios de vida se tornam um fim. A vida se resume a deitar as bases materiais da subsistência. Por incrível que pareça, em pleno século XXI, a organização material da vida é tão relevante quanto na Idade da Pedra. O capital que poderia ser destinado a libertar as pessoas das exigências do trabalho, que fosse em grau moderado, é dedicado, em vez disso, à acumulação de mais capital.

Se a questão do sentido da vida parece premente numa situação como essa, é porque o processo de acumulação de capital é, no fundo, tão sem sentido e sem propósito quanto a Vontade de Schopenhauer. A exemplo desta, o capital tem uma dinâmica própria, existe primordialmente para benefício de si mesmo e utiliza os indivíduos como instrumentos de sua evolução cega. Tem algo também do caráter trapaceiro da Vontade, pois persuade os homens e mulheres que emprega como ferramentas de que eles são preciosos, únicos e livres. Schopenhauer dá a esse engodo o nome de consciência; Marx, o de ideologia.

---

* Na década de 1980, proprietário do tabloide inglês *Daily Mirror* e rival de Rupert Murdoch, que então controlava o também tabloide *The Sun*. Alusão ironicamente implícita na tirada de Eagleton. (N. T.)

{119}

Freud achava de início que o desejo é o sentido da vida, e que as astúcias do inconsciente permeiam nossa vida cotidiana, mas veio a considerar que o sentido da vida está na morte. É uma afirmação que pode ter diferentes sentidos. Para Freud, ela significa que estamos entregues a Tânatos, ou à pulsão de morte. Mas também pode querer dizer que uma vida que não tem nada digno do sacrifício da própria vida não merece ser vivida. Ou ainda, que viver ciente de sua própria morte é viver de maneira realista, irônica, verdadeira, ciente de sua própria finitude e fragilidade. Ao menos sob esse aspecto, ser fiel ao que há de mais animal em nós é viver de forma autêntica. Seríamos então menos propensos a nos dedicar a projetos que trazem a nossa tristeza e a de outros. Muito de nossa tendência destrutiva depende de uma fé inconsciente em nossa própria imortalidade.

Alertas à transitoriedade das coisas, pensaríamos duas vezes antes de enclausurá-las obsessivamente em nosso peito. Munidos desse desprendimento, veríamos com mais nitidez as coisas tais como elas são e as desfrutaríamos de maneira mais plena. Nesse sentido, a morte amplia e intensifica a vida. É o oposto da receita *carpe diem*: o frenesi do gozo imediato, de colher flores, tomar uma taça a mais e viver como se não houvesse amanhã não passa de uma estratégia desesperada de negação da morte, que tenta ludibriá-la em vez de extrair algo dela, e que termina por lhe prestar homenagem. Malgrado as aparências, é uma visão pessimista; já a aceitação da morte é realista.

Figura 10. O Ceifador: um fotograma do filme *O sentido da vida*, de Monty Python.

Estar ciente de nossos limites, que a morte implacavelmente põe em relevo, é também estar ciente de que dependemos dos outros e somos constrangidos por eles. Quando são Paulo diz que morremos a todo instante, talvez tenha em vista, ao menos em parte, o fato de que só podemos ter uma vida decente submetendo nosso eu aos outros, como se fosse uma morte em pequena escala. Ao fazê-lo, ensaiamos e prefiguramos a abjuração final, a própria morte. A morte como morte reiterada do eu desponta agora como a fonte da boa vida. Se essa afirmação nos parece ter um quê de submissão servil, é porque nos esquecemos de que os outros também o fazem, e o resultado é como

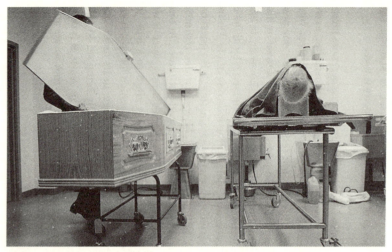

Figura 11. Daqui até a eternidade.

um favor recíproco, que cria as condições para que todos possam florescer. O nome dessa reciprocidade é amor.

Também morremos a cada minuto em sentido literal: vivemos numa espécie de eterna negação, suprimindo uma situação ao nos projetarmos em outra. Essa autotranscendência constante, possível apenas no mundo do animal linguístico, é conhecida como história. Em termos psicanalíticos, no entanto, chama-se desejo, o que explica por que, entre outras razões, o desejo é um candidato plausível a responder pelo sentido da vida. O desejo surge quando algo nos falta. É uma questão de carência, que esvazia o presente e nos projeta no futuro. Em certo sentido, a morte e o desejo são antagônicos, pois, se suprimíssemos o desejo, a história pararia. Mas, em outro sentido, o desejo, que é, para os freudianos, a força propulsora da vida, reflete, em sua carência essencial, a morte

O SENTIDO DA VIDA

à qual ele termina por nos levar. A vida é, assim, uma antecipação da morte. Se continuamos a viver, é porque trazemos a morte nos ossos.

No entanto, e se a morte parecer uma resposta sombria demais, e o desejo, no outro extremo, uma resposta animada demais? Não haveria um lugar para a contemplação intelectual? De Platão e Espinosa até Leo Strauss, guru dos conservadores, a ideia de que refletir sobre a verdade da existência é o objetivo mais nobre dos seres humanos sempre pareceu atraente, em especial, é claro, para pessoas de pendor intelectual. É um prazer sentir que estamos em sintonia com um sentido do universo ao entrarmos em nossa sala na universidade a cada manhã. É como se os alfaiates, indagados sobre o sentido da vida, respondessem, "é um fantástico par de calças"; já os fazendeiros diriam, "é uma colheita excepcional". O próprio Aristóteles, malgrado seu interesse por formas práticas de vida, considerava a contemplação como a forma mais elevada de plenitude. Mas a ideia de que o sentido da vida está na ponderação sobre o sentido da vida parece um tanto redundante. É como se o sentido da vida fosse uma proposição, à maneira de "o ego é uma ilusão" ou "tudo é feito de semolina". Pode ser que uma pequena elite de sábios que tenha dedicado a vida a essas questões venha a encontrar uma resposta verdadeira para elas. Mas Aristóteles não pensa assim, e considera que a teoria é em si mesma uma prática, um risco que, nesse caso, vale a pena assumir.

Se é que a vida tem um sentido, ele não é contemplativo. O sentido da vida não é uma proposição, é uma prática. Não é uma verdade esotérica, mas certa forma de vida. Como tal, só pode ser conhecido por quem vive. Wittgenstein provavelmente pensava em algo assim quando escreveu no *Tractatus*:

> Parece-nos que, mesmo que todas as questões científicas fossem respondidas, os problemas da vida permaneceriam intocados. É claro que, então, não haveria mais questões, e aí se encontra, precisamente, a resposta. A solução para o problema da vida se mostra quando o problema se esvai. (6.52, 6.251)

Que sentido teriam esses dizeres enigmáticos? Wittgenstein provavelmente quer dizer que a questão do sentido da vida só é uma pseudoquestão quando formulada pela filosofia. Wittgenstein não tinha a filosofia em alta conta, e esperava encerrá-la com seu *Tractatus*. Todas as questões vitais, em sua opinião, estariam fora do alcance dos limites do sujeito. O sentido da vida não é algo que possa ser enunciado na forma de uma proposição factual; e, ao menos para o jovem Wittgenstein, apenas esse tipo de proposição faz sentido. Entrevemos algo do sentido da vida quando nos damos conta de que não é algo que se deixe formular a partir de uma questão filosófica; formulada em termos filosóficos, a questão não tem solução: mas basta reconhecermos que o sentido da vida está para além de tais questões, e teremos a resposta do que ele significa.

As palavras de Wittgenstein que citei no início deste ensaio – "O que é místico não é o que o mundo é, mas o fato de que ele seja" – significam, talvez, que podemos falar deste ou daquele estado de coisas no mundo, mas não do valor ou do sentido do mundo como um todo. Não é que Wittgenstein considerasse

O SENTIDO DA VIDA

essas coisas sem sentido, como os positivistas lógicos; ao contrário, pensava que era bem mais importante falar sobre elas do que sobre o estado das coisas. Apenas, a linguagem não pode representar o mundo como um todo; no entanto, o valor e o sentido do mundo, embora não possam ser afirmados, podem ser mostrados. Um dos jeitos de fazê-lo, por via negativa, é mostrar o que a filosofia *não* pode dizer.

O sentido da vida não é a solução para um problema, é uma questão de viver de certo jeito. Não é metafísico, mas ético. Não é algo separado da vida, mas aquilo que a torna digna de ser vivida, ou seja, é certa qualidade, profundidade, abundância, intensidade. Podemos dizer que o sentido da vida é a própria vida, vista de certo modo. Mercadores de filosofia se sentem decepcionados com esse tipo de afirmação, pois ela não parece ter o mistério ou a solenidade necessária; é excessivamente banal e demasiado exotérica. Retira a questão do sentido da vida das mãos de uma pequena elite de iniciados e a devolve à existência cotidiana. É o que acontece no evangelho de Mateus, quando ele apresenta o Filho do Homem retornando, glorioso e cercado por anjos, no dia do Juízo Final. Apesar dessas imagens, percebe-se que a salvação é uma questão prosaica: alimentar os pobres, saciar sua sede, receber os estrangeiros, visitar os prisioneiros. Não tem nenhum *glamour* ou aura religiosa, e qualquer um pode fazê-lo. A chave para o universo não é uma revelação esplêndida, mas algo que muitas pessoas decentes estão acostumadas a fazer sem nem sequer pensar nisso. A eternidade não se encontra num grão de areia;

{125}

está num copo d'água. O cosmo gira em torno do conforto dos que padecem. Quando agimos assim, compartilhamos do amor que fez as estrelas. Viver desse modo é, mais que ter uma vida, tê-la em abundância.

Esse tipo de atividade é conhecido como *ágape*, ou amor, e não tem nada a ver com sentimentos eróticos ou de afeição. O mandamento do amor é puramente impessoal, e seu protótipo é o amor pelos estranhos, não por aqueles que desejamos ou admiramos. É uma prática, ou um modo de vida, não um estado de espírito. Não diz respeito a carícias ou intimidades. Seria esse amor o sentido da vida? É o candidato de muitos observadores astutos, muitos artistas entre eles. O amor é similar à felicidade, pois parece ser um fim em si mesmo; também como ela, parece ser de nossa natureza. Difícil dizer por que daríamos água a uma pessoa sedenta, mesmo sabendo que ela irá morrer em alguns minutos.

Sob outros aspectos, no entanto, esses valores colidem. Alguém que passa a vida cuidando de uma criança com problemas severos sacrifica a felicidade em nome do amor, por mais que o faça em nome da felicidade (da criança). Lutar pela justiça é uma forma de amor, mas pode levar à morte. O amor é coisa pesada, exaustiva, cheia de luta e frustração, muito longe de um contentamento vibrante ou tranquilo. Mas às vezes os termos amor e felicidade descrevem um mesmo modo de vida. Pois (ao menos para Aristóteles) a felicidade, longe de ser um estado de contentamento, é uma condição de bem-estar que vem do livre florescimento dos poderes e capacidades de cada um. Pode-se

O SENTIDO DA VIDA

argumentar que o amor é essa mesma condição, vista em termos relacionais como o estado em que o florescimento de um indivíduo se dá por meio do florescimento de outros.

Como entender essa definição de amor? Retornemos à sugestão de que a possibilidade de que a vida humana tenha um sentido intrínseco não depende da crença num poder transcendente. Mesmo que a evolução dos seres humanos tenha sido aleatória e acidental, disso não se segue necessariamente que eles não tenham uma natureza específica, e que a boa vida seja, para eles, a realização dessa natureza. Abelhas também evoluíram aleatoriamente, e pode-se dizer que elas têm uma natureza determinada, e fazem coisas de abelhas. Isso é muito menos óbvio no caso dos seres humanos, pois, ao contrário das abelhas, é da nossa natureza sermos animais culturais, e, nessa condição, criaturas com alto grau de indeterminabilidade. Dito isso, é claro que a cultura não anula nossa existência específica ou natureza material. Por exemplo: somos, por natureza, animais sociáveis, que cooperam ou morrem; mas somos também seres individuais que anseiam por realização. A individualidade não contradiz nosso caráter de espécie, é parte dele, e depende, para se realizar, da linguagem, que pertence ao indivíduo apenas na medida em que pertence à espécie.

O que chamamos aqui de amor é o jeito que temos de conciliar nossa busca por realização individual com o fato de sermos animais sociais. Pois amar significa criarmos para outra pessoa o espaço em que ela possa florescer, o que ela, por seu turno, também faz para nós. A realização de cada um se torna a base para a realização alheia. Efetivar assim nossa natureza é mostrar o que temos de melhor. Pois, ao menos em parte, realizar-se a si mesmo de modo que outros também possam fazê-lo exclui necessariamente o assassinato, a exploração, a tortura, o egoísmo e outros. Quando prejudicamos os outros, estamos a nos prejudicar a nós mesmos a longo prazo, pois nossa realização pessoal depende da colaboração de outros. E, como só há verdadeira reciprocidade entre iguais, a opressão e a desigualdade também são, a longo prazo, danosas para quem as inflige. O que não combina com o modelo liberal de sociedade, para o qual é suficiente que meu florescimento individual seja protegido da interferência alheia. O outro não é o que faz que eu seja o que sou, é uma ameaça ao que eu sou. Esse modelo é também o de Aristóteles, que não considera a virtude ou o bem-estar como intrinsecamente racionais. É verdade que ele vê as outras pessoas como essenciais ao florescimento do indivíduo: a vida solitária serve apenas para deuses e feras. Mas o homem aristotélico, como observou Alasdair MacIntyre, desconhece o amor.[4]

O pressuposto de que o sentido da vida é principalmente uma questão individual continua tendo seus defensores. Julian Baggini, por exemplo, escreve que "a busca por sentido é essencialmente uma busca pessoal, que envolve a capacidade e a responsabilidade de descobrir e em parte determinar por si

---

4 MacIntyre, *A Short History of Ethics*, p.80.

O SENTIDO DA VIDA

mesmo o sentido".[5] John Cottingham se refere à vida plena como "aquela que diz respeito ao indivíduo, dedicado a atividades genuinamente dignas, que reflitam sua escolha como agente autônomo".[6] O que não deixa de ser verdade. Mas o que temos aí é o reflexo de um viés individualista, muito comum na idade moderna, e que não vê o sentido da vida como um projeto comum ou de reciprocidade, não percebe que, por definição, não pode haver um sentido, da vida ou de outras coisas, que seja puramente individual. Nossa própria existência começa em outras pessoas, o que tem, inevitavelmente, implicações para a questão do sentido da vida.

De acordo com a teoria que proponho, dois dentre os mais fortes candidatos ao sentido da vida – o amor e a felicidade – não se excluem reciprocamente. Tampouco há conflito entre felicidade e moralidade, pois o tratamento justo das outras pessoas, pautado pela compaixão, é, em escala geral, uma das condições para que o indivíduo prospere. Com isso, não é preciso se indagar se uma vida criativa, dinâmica, exitosa e plena pode ou não incluir a tortura e a trapaça. Essa teoria também nos desobriga de escolher entre diferentes candidatos à boa vida. Baggini propõe um leque de possibilidades – felicidade, altruísmo, amor, realizações, abrir mão de si mesmo, o prazer, o bem maior da espécie – e sugere, à moda liberal, que cada uma delas é verdadeira, propondo um modelo

---

5 Baggini, *What's It All About? Philosophy and the Meaning of Life*, p.86.
6 Cottingham, *On the Meaning of Life*, p.66.

{129}

em que se poderia escolher entre algumas delas e combiná-las. Como *designers* de interiores, cada um de nós selecionaria elementos desses ingredientes e comporia com eles a mistura mais adequada a cada um.

Figura 12. The Buena Vista Social Club.

Mas é possível delimitar bem o que separa cada um dos ingredientes sugeridos por Baggini, e vê-los como em si mesmos passíveis de combinação. Tomemos por um instante, como imagem de uma vida boa, um conjunto de jazz. Um conjunto de jazz em improvisação é obviamente diferente de uma orquestra sinfônica, pois, em ampla medida, cada um dos músicos que fazem parte dele é livre para se exprimir como bem entender, sem que com isso deixe de ter uma receptividade à sua expressão por parte dos outros músicos. O complexo equilíbrio que se dá entre eles não vem de executarem

O SENTIDO DA VIDA

um arranjo coletivo, mas da expressão livre de cada um, que serve como base para a expressão livre dos outros. À medida que cada músico se torna mais eloquente, os outros se inspiram nele e são levados a alturas ainda maiores. Não há conflito entre a liberdade de cada um e o interesse do todo. Mas o resultado é a imagem invertida do totalitarismo. Pois, embora cada músico contribua, como dissemos, para o interesse do todo, não o faz por uma renúncia, mas, ao contrário, pela expressão mais livre possível. A realização de cada um vem da perda do eu na música como um todo. Há, de fato, uma realização, mas ela não depende de um sucesso individual. Ao contrário, o resultado, ou seja, a peça musical, atua como meio de relação entre os instrumentistas. Produz-se um prazer, e, dado que existe uma plenitude ou realização, também felicidade, no sentido de um florescimento, que, por ser recíproco, nos permite falar, que seja remotamente, e por analogia, numa espécie de amor. Convenhamos, existem ideias menos interessantes do sentido da vida, seja quanto ao que a faz plena, seja quanto à oportunidade de realizar o que existe de melhor em nossa natureza.

Seria o jazz o sentido da vida? Não iremos tão longe. A ideia é construir uma comunidade como essa em escala mais ampla, o que é um problema político. Trata-se, por certo, de uma aspiração utópica, mas nem por isso menos válida. Aspirações como essa apontam para uma direção, por mais que fiquemos aquém do objetivo. O que precisamos é de uma forma de vida que seja tão completamente sem sentido quanto as performances dos músicos de jazz, que não tenham um propósito utilitário e não exprimam um anseio metafísico, mas sejam, em si mesmas, um deleite, e não precisem de outra justificativa além de sua própria existência. O sentido da vida encontra aí a falta de sentido. Pessoas religiosas que porventura considerem essa versão do sentido da vida relaxada demais não devem se esquecer de que Deus é seu próprio fim, fundamento, origem, razão e deleite, e que apenas vivendo como ele é que os humanos podem compartilhar de sua vida. Algumas pessoas religiosas pensam que a diferença entre elas e os irreligiosos é que a vida para estes não teria um sentido ou um propósito para além de si mesma. Mas, na teologia clássica, Deus transcende o mundo e ressurge em suas profundezas. Wittgenstein diz que, se há uma vida eterna, é a que temos aqui e agora. O momento presente é uma imagem da eternidade, não uma sucessão infinita de momentos como o presente.

Teríamos com isso respondido, de uma vez por todas, à questão do sentido da vida? É típico da modernidade deixar as questões em aberto. Pois a modernidade é a era em que os humanos reconheceram que são incapazes de concordar, mesmo em relação às questões mais vitais e importantes. Sem dúvida, nossas desavenças a respeito do sentido da vida continuarão a ser férteis e produtivas. Mas, num mundo em que o perigo nos assola por todos os lados, nossa incapacidade de encontrar sentidos em comum é tão alarmante quanto revigorante.

Leituras adicionais

1. Aristóteles e a ética da virtude

O texto de Aristóteles mais relevante para nosso ensaio é a *Ética a Nicômaco* (*Nicomachean Ethics*. Ed. Jonathan Barnes. Harmondsworth: Penguin Classics, 1976; [Bauru: Edipro, 2018]). Também de Jonathan Barnes vale ler *Aristotle: A Very Short Introduction* (Oxford: Oxford University Press, 2000). Ver também D. S. Hutchinson, *The Virtues of Aristotle* (Londres: Routledge, 1986), e Jonathan Lear, *Aristotle: The Desire to Understand* (Cambridge: Cambridge University Press, 1988).

Estudos gerais relevantes para meu argumento são encontrados em Alasdair MacIntyre, *A Short History of Ethics* (Londres: Routledge, 1968) e *Depois da virtude* (*After Virtue*. Londres, 1981 [Bauru: Edusc, 2001]). Um estudo mais recente, não menos sugestivo, é de Rosalind Hursthouse, *On Virtue Ethics* (Oxford: Oxford University Press, 1999).

TERRY EAGLETON

2. Schopenhauer

A principal obra de Schopenhauer, a única a que nos referimos aqui, é *O mundo como vontade e representação* (*The World as Will and Representation*. Ed. E. F. J. Payne, 2v. Nova York, 1969 [São Paulo: Editora Unesp, 2015]). Introduções úteis a Schopenhauer podem ser encontradas em Patrick Gardiner, *Schopenhauer* (Harmondsworth: Fondo de Cultura Económica USA, 1963), e Brian Magee, *The Philosophy of Schopenhauer* (Oxford: Oxford University Press, 1983). Uma rápida explicação se encontra em Eagleton, *A ideologia da estética* (*The Ideology of the Aesthetic*. Oxford, 1990 [Rio de Janeiro: Zahar, 1993]), cap. 7.

3. Nietzsche

Obras de Nietzsche citadas no ensaio: *A vontade de poder* (*The Will to Power*, Nova York, 1975 [Rio de Janeiro: Contraponto, 2008]), *Além do bem e do mal* (*Beyond Good and Evil*. Walter Kaufmann (ed.), *Basics Writings of Nietzsche*, Nova York, 1968 [São Paulo: Companhia das Letras, 2005]), e *O nascimento da tragédia* (*The Birth of Tragedy*. Walter Kaufmann (ed.), *Basics Writings of Nietzsche*, Nova York, 1968 [São Paulo: Companhia das Letras, 2007]). Introduções clássicas ao seu pensamento podem ser vistas em Walter Kaufmann, *Nietzsche: Philosopher, Psychologist, and Anti-christ* (Princeton: Princeton University Press, 1992); R. J. Hollingdale, *Nietzsche:*

O SENTIDO DA VIDA

The Man and His Philosophy (Londres, 1964 [*Nietzsche: Uma biografia.* São Paulo: Edipro, 2005]), e Arthur C. Danto, *Nietzsche as Philosopher* (Nova York: Columbia University Press, 1965). Ver também Keith Ansell Pearson, *Nietzsche* (Londres: Cambridge University Press, 2005), e Michael Tanner, *Nietzsche* (Oxford: Oxford University Press, 2006). Para um estudo mais exaustivo, ver Richard Schacht, *Nietzsche* (Londres: Routledge, 1983).

4. Wittgenstein

O *Tractatus Logico-Philosophicus*, publicado pela primeira vez em Londres, em 1961, encontra-se disponível em forma resumida, editado por Anthony Kenny (*The Wittgenstein Reader.* Oxford, 1994 [*Tractatus Logico-Philosophicus.* São Paulo: Edusp, 2017]). Ver também *Philosophical Investigations*, trad. G. E. M. Anscombe (Oxford: Oxford University Press, 1953), e *Culture and Value*, trad. Peter Winch (Chicago: University of Chicago Press, 1980). Algumas introduções ao pensamento de Wittgenstein: D. F. Pears, *Wittgenstein* (Londres: HarperCollins, 1971), Anthony Kenny, *Wittgenstein* (Harmondsworth: Blackwell Publishing, 1973), A. C. Grayling, *Wittgenstein* (Oxford: Oxford University Press, 1988), e Ray Monk, *Wittgenstein* (Londres: Routledge, 2005). Monk é também autor da excelente biografia *Ludwig Wittgenstein:The Duty of Genius* (Londres, 1990 [*Ludwig Wittgenstein: O dever do gênio.* São Paulo: Companhia das Letras, 1995]). Para um

TERRY EAGLETON

estudo mais aprofundado, ver G. P. Baker and P. M. S. Hacker, *Wittgenstein: Understanding and Meaning* (Oxford: Oxford University Press, 1980).

5. Modernismo e pós-modernismo

Existem várias alusões ao longo do livro a esses movimentos culturais, em relação aos quais o leitor pode querer se aprofundar. O monumental estudo de Peter Conrad, *Modern Times, Modern Places* (Nova York: Knopf, 1999) é digno de nota. Ver também, de Marshall Berman, o excelente *Tudo que é sólido desmancha no ar* (*All That is Solid Melts into Air*, Londres, 1982 [São Paulo: Companhia das Letras, 2007]). E ainda: Raymond Williams, *Política do modernismo* (*The Politics of Modernism*, Londres, 1989 [São Paulo: Editora Unesp, 2001]) e T. J. Clark, *Farewell to an Idea* (New Haven / Londres: Yale University Press, 1999). Para o pós-modernismo, ver Jean-François Lyotard, *A condição pós-moderna* (*The Post-modern Condition*, Minneapolis, 1984 [Rio de Janeiro: José Olympio, 1986]); Ihab Hassan, *The Postmodern Turn* (Ohio: Ohio State University Press, 1987); David Harvey, *A condição pós-moderna* (*The Condition of Postmodernity*, Oxford, 1990 [São Paulo: Loyola, 1998]); e Perry Anderson, *As origens da pós-modernidade* (*The Origins of Postmodernity*, Londres, 1998 [Rio de Janeiro: Zahar, 1999]). Um estudo mais breve: Terry Eagleton, *As ilusões do pós-modernismo* (*The Illusions of Postmodernism*, Oxford, 1996 [Rio de Janeiro: Zahar, 1998]). Um estudo mais aprofundado:

O SENTIDO DA VIDA

Fredric Jameson, *Pós-modernismo. A lógica cultural do capitalismo tardio* (*Postmodernism, or, The Cultural Logic f Late Capitalism*, Durhan, NC, 1991 [São Paulo: Ática, 2000]).

6. Marx

As ideias de Marx sobre a natureza e a espécie humanas se encontram principalmente nos *Manuscritos econômico-filosóficos* (*Economic and Philosophical manuscripts*, 1844. Foi reimpresso, entre outras edições, em L. Colletti (ed.), *Karl Marx: Early Writings*, Harmondsworth, 1975 [São Paulo: Boitempo, 2004]). Para comentários sobre o assunto, ver Norman Geras, *Marx and Human Nature* (Londres: Verso, 1983), e Eagleton, *A ideologia da estética* (*The Ideology of Aesthetic*, Oxford, 1990 [Rio de Janeiro: Zahar, 1993]), cap. 8. O ensaio de Louis Althusser mais relevante para meu argumento encontra-se em "On Ideology and Ideological StateApparatuses", em *Lenin and Philosophy* (Londres, 1971 [*Aparelhos ideológicos de Estado*, Rio de Janeiro: Graal, 1985]).

7. Freud

Uma das melhores introduções aos conceitos freudianos se encontra em Freud, *Lições introdutórias à psicanálise* (*Introductory Lectures on Psychoanalysis*, Harmondsworth, 1973 [São Paulo: Companhia das Letras, 2014]). Para a discussão da pulsão de morte, ver *Para além do princípio do prazer* (*Beyond the Pleasure Principle*, Londres, 1950 [São Paulo: Companhia das Letras, 2010]). O tópico é desenvolvido por Norman O. Brown em *Life Against Death* (Londres: Wesleyan, 1959). Ver também Philip Rieff, *Freud: The Mind of the Moralist* (Chicago/Londres: Viking Press, 1959), e Paul Ricoeur, *Freud e a filosofia* (*Freud and Philosophy*, New Haven e Londres, 1970 [São Paulo: Loyola, 2010]).

8. Outras obras citadas

Julian Baggini, *What's It All About?* (Londres: Granta Books, 2004).

Isaiah Berlin, *Four Essays on Liberty*, Oxford, 1969 [*Quatro ensaios sobre a liberdade*, Brasília: UnB, 1981]).

John Cottingham, On *the Meaning of Life* (Londres: Routledge, 2003).

Terry Eagleton, *Against the Grain: Selected Essays 1975-1985* (Londres: Verso, 1986); *William Shakespeare* (Oxford: Oxford University Press, 1986); e *Sweet Violence: The Idea of the Tragic* (Oxford: Oxford University Press, 2003 [*Doce violência: A ideia do trágico*. São Paulo: Editora Unesp, 2013).

Frank Farrell, *Subjectivity, Realism and Postmodernism* (Cambridge: Cambridge University Press, 1996).

Martin Heidegger, *Being and Time* (Nova York, 1962 [*Ser e tempo*. Campinas: Unicamp, 2012]).

Alasdair MacIntyre, *Dependent Rational Animals* (Londres: Open Court, 1998).

Jean-Paul Sartre, *Being and Nothingness* (Londres, 1958 [*O ser e o nada*. Petrópolis: Vozes, 2015]).

Roger Scruton, *Modern Philosophy* (Londres, 1994 [*Uma breve história da filosofia moderna*. Rio de Janeiro: José Olympio, 1998]).

Max Weber, *Essays in Sociology* (Londres, 1991 [*Ensaios de sociologia*. Rio de Janeiro: LTC, 1982]).

ÍNDICE REMISSIVO

Números de página em *itálico* referem-se a ilustrações.

absurdo 80-1, 90, 101
acidentes 67
Adams, Douglas 62
ágape (amor cristão) 126
Agostinho, santo 32-3
alegoria 79, 86
almas/espírito 109
Althusser, Louis 74
amor 111-4, 125-30
  veja também ágape
angústia 82, 89
antiessencialismo 99-100
aquecimento global 108
Aquino, Tomás de 99, 112
Aristóteles 27, 108-16, 118, 123, 126, 128
  na felicidade 108-16, 126-8
arte/artistas 15, 37, 81, 93-4
Austen, Jane 35
autoconsciência 34

autorrealização 114-5, 118-9
autorreflexão 34-5

Baggini, Julian 12*n*, 111-3, 128-30
Beckett, Samuel 81-9
Benjamin, Walter 85
Berkeley, George 63
Berlin, Isaiah 23
Buena Vista Social Club *130*

Camus, Albert 31, 82
capitalismo 23, 31-2, 108, 119
capitalismo transnacional 108
causalidade 14-5
condição humana 26-9, 107-8
conhecimento 20-1, 34-5
Conrad, Joseph 35, 75, 81
consciência 70-3, 112-3, 115-6, 119
contemplação intelectual 123
Cottingham, John 107*n*, 129

Crepúsculo dos ídolos (Nietzsche) 107-8

Crítica do juízo (Kant) 66

cultura 33,35-9, 41-3, 127

    veja também esporte

decisionismo 101

deficiência 113, 126-7

Deleuze, Gilles 32

Derrida, Jacques 19-20

desconstrução 20

desejo 71, 86, 91, 120-3

Deus 29-30, 60, 132

    e gramática 19-20

    e sentido da vida 14-5, 19, 29, 63-6, 89-96, 99-104, 107

    pós-modernismo e 33

Édipo rei (Sófocles) 26-34, 96

ego 74, 91, 123

Eliot, George 64-5

Eliot, T. S. 12*n*, 31

Esperando Godot (Beckett) 81, 83-5, 84

Espinosa, Benedict de 116, 118, 123

espiritualidade 40-4

esporte 42-3

essência 33, 69, 99-101, 105

Ética a Nicômaco (Aristóteles) 108

eu/individualidade 31, 100-1

existência humana, contingência de 28-9

existencialismo 34, 36, 75

falsa consciência 115-6

Falwell, Jerry 42

Farrell, Frank 99

felicidade 35, 108-17, 126-7, 129-30

    e amor (*ágape*) 126

filósofos 44

    do século XII 28-9

    e linguagem 17-9

    e sentido da vida 13-20

formalismo 75

Forster, E. M. 81

Freud, Sigmund 23, 70-1, 74, 91, 105, 120

fundamentalismo 39-40, 43, 65-6

fundamentalismo religioso 39-40, 43, 65-6

fundamentalista islâmico 42-3

    terrorismo 24-5

futebol 42-3

Gênesis (Antigo Testamento) 102

Gielgud, John 59

globalização 108

gramática 16-7, 19-20, 105-6

Guia do mochileiro das galáxias, O (Adams) 62

Hardy, Thomas 24, 35

hebreus 29-30

Hegel, G. W. F. 67, 96

Heidegger, Martin 15, 27-31, 34

O SENTIDO DA VIDA

hermenêutica 21, 102

história 64, 106

Homero 31

indeterminação 85-7

individualidade 30-1, 127-9

inerente (significado) 80, 90-8

interpretações 32, 102

Investigações filosóficas (Wittgenstein) 16-20

irracionalismo 100

Islã, radical 31-2

James, Henry 22

jazz 130-2

Jeová 29-30, 103

Jó (Antigo Testamento) 29-30

Joyce, James 65, 81

Kafka, Franz 31, 81

Kant, Immanuel 66

Lacan, Jacques 74-5

Larkin, Philip 79

liberalismo 23-4, 45-6, 127-8

liberdade 45-6, 82, 102-3

linguagem 27-8, 66-7, 127

    e significado 44, 51-6, 58-62, 68, 74-5, 90-5, 105-6

    gramática 16-7, 19, 105-6

Macbeth (Shakespeare) 57-60

MacIntyre, Alasdair 104*n*, 128

Marx, Karl 21, 23, 115, 119

marxismo 35, 64, 74, 82, 106

masoquismo 117

Mateus (Novo Testamento) 125

Maxwell, Robert 118-9

Meaning of Life, The (filme Mórmon) 47*n*

Middlemarch (Eliot) 64-5

Miller, Arthur 75

mitologias 30-1, 73-4

mitos 65, 73-4

modernidade 38-9, 44-5, 82-3, 132

modernismo 28-9, 35-6, 81

Monty Python 47, 48, *121*

moralidade 23-4, 38-9, 75, 100-1, 117, 129

mortalidade 27-8, 70

    veja também morte

morte 24, 27, 29, 36, 58, 75-6, 85, 91, 105, 120-2

Morte de um caixeiro viajante (Miller) 75

Nascimento da tragédia, O (Nietzsche) 23

New Age 39-40

Nietzsche, Friedrich 19-20, 23, 48, 67*n*, 70, 74-5, 92, 101, 103, 107, 118

{143}

e linguagem 19-20, 23
sobre a vida 48, 103-4, 107
Übermensch 19
niilismo 65-6, 82
nominalismo 99-100
Nozick, Robert 112

Palin, Michael *48*
Panorama visto da ponte, Um (Miller) 75-6
paranoia 105-6
Paulo, são 121
pluralismo 46
pluralismo liberal 46
poder 117-8
poema 91-3
pós-estruturalismo 36-7
pós-modernismo 88-9
 e Deus 33
 e sentido da vida 33-4, 36-7, 45, 81-2
prazer 108-9, 111-3
protestantismo 99-103
psicanalista 74
pulsão de morte 120

questões, natureza de 13-26, 32-3, 123-4
 retórica 16
 sem resposta 20-2, 25-6

racismo 94-5
razão 38-9, 95-6
Real 71-2
realidade 81-2, 89, 96-100;
 e fantasia 23
 e Vontade 69-72
realismo 95-6, 120
Rei Lear (Shakespeare) 19
religião 73, 99-103
 e sentido da vida 29-31, 36-45, 47-8, 82, 131-2
 espiritualidade 39-44
 na esfera pública 36-42
Rembrandt Harmensz, van Rijn 21
respostas 13-5, 45-6
riqueza 117-9
Ryle, Gilbert 44*n*

Sartre, Jean-Paul 28-9, 34, 82, 88
Schleiermacher, Friedrich 102
Schopenhauer, Arthur 23, 69-71, 74-8, 96, 119
Scruton, Roger 67*n*
Seinsfrage (questão do Ser) 15
sentido 13-5, 31-2, 51-78
 como ato 53-4, 56, 63-4
 como estrutura 53-4
 como intenção 52, 64, 69-70, 93-4
 como intenção de significar 52
 como significado 52-8, 63-70, 79-81, 86-7

O sentido da vida

existencialismo e 75

inerente 79-80, 89-99

na poesia 91-4

não intencional 67-70

natureza de 31-2

subjetivo 77-8, 90, 94-5

usos de 51-4

Sentido da vida, O [The Meaning of Life] (filme de Monty Python) 47, 48, 121

Ser 15

Ser e o nada, O (Sartre) 29-30, 34, 88

Ser e tempo (Heidegger) 27, 34

sexualidade 36-9

Shakespeare, William 19, 31, 58-60, 68, 97-9

veja também Rei Lear

significação 56-8

significado subjetivo 77-8, 90, 94-5

Sófocles 26

Stein, Gertrud 62

suicídio 44n, 70

Tackeray, William 35

Tânatos 120

Tchekhov, Anton 79-81

teatro 58-60

teologia/teólogos 14, 44

terrorismo 24-5

Throllope, Anthony 35

tortura 100, 129

Tractatus Logico-Philosophicus (Wittgenstein) 107n, 124

tragédia 25-6, 34, 87

Trees, The (Larkin) 79

Três irmãs, As (Tchekhov) 79-81

Troilo e Créssida (Shakespeare) 97-9

Übermensch 19

Ulysses (Joyce) 64-5, 81

valor 94-5, 98, 107-8, 120, 126-7

verdade 73-4, 81-2, 87-8, 96, 102-3

visão triunfalista da história 64

voluntarismo 99-100

Vontade (Schopenhauer) 69-71, 74-8, 119

Vontade do poder, A (Nietzsche) 70, 118

Weber, Max 23

Wilde, Oscar 48

Wittgenstein, Ludwig 15-20, 68-9, 72, 104-5, 107n, 109, 124-5, 132

linguagem 15-20, 104-5

sentido da vida 72-3, 124-5

Woolf, Virginia 81

SOBRE O LIVRO

Formato: 14 x 21 cm
Mancha: 24,6 x 38,4 paicas
Tipologia: Adobe Jenson Regular 13/17
Papel: Off-white 80 g/m² (miolo)
Cartão supremo 250 g/m² (capa)
1ª edição Editora Unesp: 2021

EQUIPE DE REALIZAÇÃO

Edição de texto
Silvia Massimini Felix (Copidesque)
Tulio Kawata (Revisão)

Capa
Marcelo Girard

Editoração eletrônica
Sergio Gzeschnik

Assistência editorial
Alberto Bononi

Rua Xavier Curado, 388 • Ipiranga - SP • 04210 100
Tel.: (11) 2063 7000 • Fax: (11) 2061 8709
rettec@rettec.com.br • www.rettec.com.br